高校体育教学
与体育文化融合发展探索

张立军　高　风　汪春涛 ◎ 著

吉林出版集团股份有限公司

图书在版编目（CIP）数据

高校体育教学与体育文化融合发展探索 / 张立军，
高风，汪春涛著. -- 长春：吉林出版集团股份有限公司，
2024. 6.--ISBN 978-7-5731-5177-3

Ⅰ. G807.4

中国国家版本馆 CIP 数据核字第 2024J660N7 号

高校体育教学与体育文化融合发展探索

GAOXIAO TIYU JIAOXUE YU TIYU WENHUA RONGHE FAZHAN TANSUO

著　　者	张立军　高　风　汪春涛
出版策划	崔文辉
责任编辑	徐巧智
封面设计	文　一
出　　版	吉林出版集团股份有限公司
	（长春市福祉大路 5788 号，邮政编码：130118）
发　　行	吉林出版集团译文图书经营有限公司
	（http://shop34896900.taobao.com）
电　　话	总编办：0431-81629909　营销部：0431-81629880/81629900
印　　刷	吉林省六一文化传媒有限责任公司
开　　本	710mm×1000mm　　1/16
字　　数	250 千字
印　　张	15.75
版　　次	2024 年 6 月第 1 版
印　　次	2024 年 6 月第 1 次印刷
书　　号	ISBN 978-7-5731-5177-3
定　　价	85.00 元

如发现印装质量问题，影响阅读，请与印刷厂联系调换。电话 18686657256

前　言

　　随着社会经济的快速发展以及高等教育事业的不断革故鼎新，世界各国体育教育事业呈现出欣欣向荣的发展态势。近年来，高校体育教学改革虽然取得了一定的成绩，但同时也存在着诸多问题，要解决这些问题，必须对高校体育课程进行重新的认识和定位。我们必须要树立正确的教育改革观念以及全面的育人观念，并用"学有所用"的教育理念论述这一教学改革的合理性、科学性，用实践检验出改变传统体育教学的必要性。要提高学生的创造性思维，引导他们能够面对并适应高校体育教学的现实问题。

　　本书从高校体育教学的概念与特点出发，阐述了高校体育教学的性质及功能、高校体育教学的组织和实施、高校体育教学的改革与发展、高校体育教学的目标及原则等内容，并在此基础上，对高校体育教学方法、高校体育教学模式的改革创新进行了阐述，探究了自主教学模式、合作教学模式以及俱乐部教学模式在高校体育教学中的应用。接着论述了高校体育文化的结构与内容、高校体育文化的特征与功能、高校体育文化建设的内容和路径，通过对体育文化的传承保护以及体育文化的现代化发展阐述了高校体育教学与体育文化融合发展的途径。

　　本书框架新颖，内容丰富，具有新颖性、时代性、理论性、实践性、操作性、示范性和可读性等特点，便于从事相关行业的读者们参考，具有一定的学术价值和实用价值。

　　笔者在撰写的过程中，参阅了大量的相关著作和文献，这里未能一一列出，在此向相关著作和文献的笔者表示诚挚的感谢和敬意。由于笔者水平有限，编写时间仓促，书中难免会有疏漏或不妥之处，恳请各位专家、同仁及读者不吝批评指正。

目　录

第一章　高校体育教学概述

第一节　高校体育教学的概念与特点

体育教学活动是随着体育学科的建立而出现的一种自然现象，它是现代教育教学的重要组成部分，是落实素质教育、培养全面发展的高素质人才的一个重要途径和方法。要想科学的组织和开展体育教学活动、充分发挥体育教学的价值、培养现代体育专业人才，体育教学工作者就必须明确体育教学的基本理论知识，这包括体育教学的概念与特点、性质与功能、目标与原则以及教学主体。

一、体育教学的概念

教学是一种教育活动，这种活动需要教师和学生的共同参与，并为了实现某一具体的教学目标而相互协作。体育教学是一门学科，是体育教育的重要内容，更是一种教学活动。体育教学主要是有目的、有计划、有组织的相关体育活动的组合。

体育教学是针对体育学科展开的一种教学活动。体育教学包括教学目标、教学内容、教学评价等内容。体育教学是一种特殊的教学课程，它从生物科学、教育学、心理学、社会学、哲学等学科中获得知识，以发展学生体能，促进学生身心健康为主要目标，它结合德、智、美、劳进行教学，促进学生身心的全面发展。体育运动与体育活动、训练方面的教育都能够提高学生身心发展的基础修养，是现代素质教育的主要内容和方法。体育教学不仅仅是把理论知识背熟就可以，还要在参与运动技能的基础上，有一定技能进行的体育活动，达到体育参与一定运动技能的标准，是体育感受体验的积累。

对体育教学概念的界定可以这样描述，即体育教学是指体育教师在教学过程中，以体育教材为媒介，与德、智、美、劳的教育课程相配合，引导学生学习体育基本知识、熟知体育基本技术、掌握体育基本技能，并养成良好的体育锻炼习惯，以促进其生理、心理、社会适应能力健康发展的一种活动。

从本质来讲，体育教学是在学校环境中进行的一种教学活动，主要参与者是体育教师和学生，具体的活动内容为学生在教师的组织和指导下，对体育相关的基本知识、体育运动技能、体育运动素养进行了解、掌握和提高，旨在促进学生的身心健康和全面发展。

二、体育教学的特点

体育教学具有教学活动的一般特点，同时也具有体育学科的特殊特点，现主要针对后者详细分析。

（一）身体活动的常态性

体育学科是以身体发展为基础的，因此在体育教学中，身体活动是教学活动的主要内容和形式，体育教学过程中有很多对身体活动的要求，这是体育教学区别于其他学科的重要基础所在，是体育教学与其他学科教学的最大区别。

一般文化类学科的教学，其教学场所多为教室、实验室、多功能厅，教学过程中需要教学环境的静态性，即整个教学活动过程要保持相对的安静，这样才能激发学生的思维并产生很好的学习效果。

体育教学通常会在户外进行，如果是在室内，多选择较为宽阔的专用运动场馆，而且在大多数时间的运动技术练习环节中并不需要刻意保持安静，学生之间、学生与教师之间都可以随时交流和沟通，如此才更有利于学生对运动技能的学习。整个体育教学过程中，学生需要不断重复学习体育运动技能，这也决定了学生在体育教学活动中要经常进行身体活动，即体育教学具有身体活动的常态性特点。在体育教学中，几乎所有内容都涉及身体活动，或者是为即将到来的身体活动做准备的活动，这是对作为"身体知识"的体育教学的最好诠释。在体育教学过程中，不仅学生要进行具有一定运动负荷的运动，教师在做示范、做指导和参与到组队教学赛中也需要消耗不少体力。可见，体育教学身体活动的常态性特点不单单是针对学生，同时也包括教师。体育课堂教学过程中，教师与学生的身体活动非常频繁，这种几乎常态化的特点成为体育教学最为显著的特点。

（二）身心练习的统一性

身体健康与心理健康是现代健康新理念中关于健康的两个重要方面，两者之间有着密切的关系，具体体现在身体健康有助于改善心理健康，而心理健康对身体健康具有重要的影响，身体发展是基础，心理发展是依赖，能够促进身体发展。二者是相互影响、相互促进的关系。因此，体育教学强调促进学生的身心共同发展。

在其他一般学科的教学中，更多的是重视学生的智力发展和心理塑造，在身体发展方面存在一定的局限性，更难以实现身心发展的统一。

体育教学重视学生的身心双修，重视对学生身体的改造，它还强化学生的心理与多种适应能力。而在其他学科的教学中便无法达到这样的效果，这主要在于体育教学营造了不同种类的教学情境，一系列积极的情境使得参与其中的人在潜移默化中受到感染，在体育教学中，学生的身心发展看似是多元的，但实际上，在过程中是一种身心统一的锻炼，即达到身体与心理的共同拓展和发展，表现出十足的统一性。

体育教学不仅可以促进学生增强体质、提高体能、发展技能，而且有利于培养学生的思维方式和良好的心理品质，促进学生身心的健康协调发展。具体来说，体育教学中学生身心练习的统一性主要表现在三个方面。在体育教学内容方面，体育教学内容的选择应符合学生的身心健康状况，所选教材的编排要符合该年龄段学生的心理特点，并要满足学生美学、社会学等其他方面的要求，使学生通过教学过程中的知识学习、身体练习与情感体验，获得身心的健康发展。在体育教学方法方面，体育教学方法要符合体育教学实际，要遵循与学生年龄段相适应的身心变化规律，根据学生的这些身心特点安排教学，以促进学生身心共同发展。在体育教学运动负荷安排方面，同样注重身心发展的统一。体育教学重在体育实践，它以身体练习为主，需要学生运用身体器官直接参与活动，不仅要承受一定的身体负荷，还要承受一定的心理负荷。负荷要与学生身体状况相符，不能超过学生的生理极限，以免对学生身体造成伤害和引起学生的挫败感；负荷也不能过低，以免不能促进学生身体健康发展和容易引起学生轻易完成练习活动的骄傲自满心理。负荷应恰到好处，使学生承受肌肉活动引起的疲劳与不适，提高运动技能并体验不同的心理过程，磨炼思想意志，塑造其克服困难、团结一致、努力拼搏的健康心理。

（三）技能学习的重复性

现代体育教学旨在通过身体练习促进学生的身体、心理和社会适应能力的共同发展，在整个教学过程中，主要以身体练习为主，技能学习是体育教学的重要学习内容，学生对运动技能的掌握必须经历一个不断重复的过程。

研究表明，任何一个体育运动项目，其运动技能的形成具有阶段性和规律性，运动技能形成大致要经历这样一个过程：练习分解动作—练习连贯动作—独立完成连贯动作—熟练完成连贯动作。学生要想熟练掌握运动技能，需要经过长期的反复练习。学生无论是掌握篮球、足球、排球运动中的复杂技能，还是学习体操中的滚翻、田径中的跑等技能，都需要经历由不会到会、由简单初步学习到复杂深入学习、由不熟练到熟练的发展过程。在此过程中，体育教师要严格遵循循序渐进原则，逐步指导学生掌握各种运动技能，要根据不同运动技能的特点，合理安排练习内容和时间，通过反复练习，促进学生运动技能的掌握与提高。

（四）教学过程的直观性

体育教学过程具有直观性特点。这种直观性主要体现在讲解、示范和教学组织管理三个方面。

1. 教学内容讲解的直观性

简言之，讲解的直观性就是讲解清楚、简单明了、容易理解。具体来说，体育教学过程中，教师讲解体育教学内容，不仅要与其他学科教师讲解要求一致，还要求体育教师的语言更加生动，并且富有一定的肢体表现能力，使学生有形象、贴切、有趣的感觉。尤其是在某些拥有较难技术动作的体育运动教学中，教师不仅要对体育教学重点进行详细的描述，还要用生动、形象的语言对复杂的技术动作进行简单化的讲解，以提高课堂教学效果。

2. 动作技能示范的直观性

身体练习是体育教学过程的主要内容，学生对动作技能的接触最初是通过教师的动作示范来实现的。在教学中，为了加深学生的理解和认识，教师有必要进行动作示范和实践演示。在教师运用示范法时，需要运用非常直观形象的动作示范，其中包括正确动作的演示和错误动作的演示，这些演示都是非常直观地展现在学生眼前的，不能有任何的艺术加工和变形，这样才会使学生从感官上直接感知动作的正确与错误，以利于他们建立正确的、清晰的运动表象。当学生建立正确的动作表象后，再配合教师的讲解，使之与思维相结合，学生才能更加准确地掌握相关的体育知识、技术及技能。

3. 教学组织与管理的直观性

体育教学中，师生之间的互动比其他任何学科都要频繁和广泛，体育教师对整个教学过程的组织与管理，学生都参与其中，有深刻体会。教师与学生接触更多，使学生对体育教学的组织和管理的观察与体会更加直观。在师生活动中，教师的言行举止对学生的身心都是一种无形的教育，有助于对学生的观察与帮助，有利于把控教学过程，也能为学生创造轻松的教学环境，使学生在教学中表现出来的言行都是他们最为真实的一面，也有利于体育教师获得正确的教学反馈。教学组织与管理的直观性要求体育教师重视良好教学环境的创设、促进师生关系的融洽，从而使教学过程更加科学合理。

（五）教学内容的情感性

经过不断发展，现代体育教学内容丰富，它不仅限于球类运动、游泳、田径等，还包括体育舞蹈、瑜伽，更融入了许多户外拓展训练等内容。通过对这些内容的学习，学生可以普遍从中体会到各种体育活动所带来的丰富情感。

（六）教学环境的开放性

体育教学环境的开放性表现在教学场地和教学情境两个方面。一方面，体育教学主要是在室外进行，目前，我国各级院校的体育教学多以体育实践课为主，体育教师组织的大多数体育课主要在学校操场进行。与其他学科主要在封闭的教室、实验室等地方开展教学活动不同，体育教学的教学空间富有变化性，环境更加开放。另一方面，在体育教学情境设置中，师生之间的关系和互动非常灵活多变，只要有利于促进学生身心发展，任何一种教学情境都可以尝试。

体育教学环境的开放性决定了体育教学具有不同于其他学科的室内教学和以教师讲解为主的教学模式，体育教学环境的开放性使其教学过程具有更多的不确定因素，在体育教学过程中，教师应注意以下几点。户外教学特点意味着体育教学受到的干扰因素较多，如天气、地形、周边设施与噪声等，体育教学的组织管理工作就会越复杂，这就需要精心设计与统筹安排体育教学的组织形式、教学步骤与方法。室外体育教学是一个动态过程。教学过程中，班级内学生较多，且大部分教学时间学生都处在不断变化与形式多样的运动中，教师对学生的管理是动态的，多采取分组教学并需要班干部和体育骨干的协调配合。体育教学活动中需要使用多种体育器材和设施，由于不同学生的技术水平不同，且在使用器材设备时会有不同的习惯，再加上一些器材设备本身质量差或磨损严重，教学中充满了各种不确定因素，因此，体育教师要格外重视教学的安全性。

（七）教学条件的制约性

体育教学内容丰富，教学环境开放，涉及要素多，也就使得体育教学会受到更多客观条件的制约，这是体育教学的重要特点之一。体育教学受多种体育教学条件的制约，包括主观条件与客观条件。

（八）人际关系的多边性

体育教学活动中的人际关系不是单纯的如其他学科教学中的那样，师生之间主要以教师讲解和学生领会为主，体育教学活动是一个师生双边互动活动，而且这种互动非常频繁和复杂，人际交往在体育教学中占据重要位置，这种人际交往具有多边性。

从教学组织形式来看，现代体育教学的组织形式主要是在单人、双人、小群体以及全班之间不断转换的，要求学生在不同的时间内完成不同的身体运动、不断地变换角色位置，彼此之间建立多种不同的联系。因此在体育教学中，师生之间、学生之间、小群体之间具有频繁且形式多样的人际交往关系，教师和学生之间的关系复杂、多变。

在体育教学过程中，人际关系的多边性特点对体育教师的教学组织和管理能力提出更高的要求，体育教师应运用多种方式与学生交流和沟通，并引导学生之间相互进行配合、鼓励与评判，教会学生在体育课堂中初步体会社会交往，培养学生的合作意识，提高其人际交往能力，并将这种良好的人际关系适应能力和处理能力延伸到体育学习之外的日常生活和社会关系处理中去。

第二节　体育教学的性质及功能

一、体育教学的性质

性质是决定事物本身与其他事物的最根本区别，性质不同的两种事物带来的表象自然有一定的区别。体育教学和其他学科的教学最根本的区别就在于它本身所具有的体育教学性质。

结合体育教学的特点，体育教学的体育性主要表现在以下几个方面:(1)体育教学的教学地点多为户外，但现代体育教学场所在室内的场馆也非常多见。(2)体育教学中师生都要承受一定的运动负荷与心理负荷。(3)体育教学过程是身体活动与思维活动的结合，并且还有比较频繁的人际交往。(4)体育教学侧重发展学生身体感觉以及运动智力。(5)体育教学更加关注学生自我操作与体验等。

特别需要指出的是，在体育教学中，实操性是体现体育教学性质的一个重要方面，它不同于化学、物理学科中的实验实操，而是一种身体技能学练。通过对比可以发现，与其他学科教学最大的区别，即技能实操练习，体育运动技能的教学是现代体育教学最重要的教学形式，它是体育育人的主要方式。而对运动技能的传授也是体育教学与其他学科教学的主要区别之一。在体育教学中，学生全面掌握体育运动技能需要经过认知阶段、联系阶段与完善阶段等几个教学阶段才能实现。具体来说，在体育运动技能的认知阶段中，学生与体育运动技能之间的联系最为密切，这一阶段学生对所学技能的结构、要素、关系、力量、速度等进行表象化的认识，从这一角度来看，体育运动技能仅仅是学生提高身体素质、完成技术动作的一种方法，因此，可以认为运动技术不具有人的特性，而只是一种"操作性知识"。

通过上述分析，应该认识到，体育教学的本质属性是体育性，体育教学是一种针对运动技术和知识的教学。在体育教学中，学生学会了运动知识并将其转化为运动技能，即充分实现了体育教学性质、实现了体育教学目标。

二、体育教学的功能

体育教学作为学科的一种，不仅具有一般学科的教学功能，即向学生传授生物、生理、心理、医学等自然科学和体育基本知识，还具有体育学科的特殊功能，即将科学的身体锻炼方法与手段传授给学生，使学生正确掌握运动技能，同时达到学习、健身与锻炼的目的。体育教学对培养学生爱国主义情感、集体主义价值观、顽强拼搏、积极进取的精神也发挥着极大的促进作用。具体来说，体育教学主要具有以下功能。

（一）健身功能

促进学生的身体发展是体育教学最基本的功能，增强体质是发展体育运动的本质属性。经过长期的改革与实践，现代体育教学课程在规划设计教学大纲、选择教材内容、安排课时、实施教学组织等方面已逐渐合理化与科学化。

（二）健心功能

体育的健心功能体现在其可直接作用于学生的心理、影响学生的心理发展，还能通过影响学生的身体发展间接促进学生的心理健康发展。心理健康是评定人体健康的指标之一，体育教学不仅有利于学生的身体发展，还对学生的心理健康发展具有重要作用。

（三）知识传播

教育是对知识和技能的传播，韩愈《师说》的"传道授业解惑"，是指教育的综合过程：传道、授业、解惑，三个并列而行。因此，"传授知识"以帮助学生"解惑"是体育教师承担的传播体育知识的重要责任，因此，体育教学具有传播体育知识的重要功能。

在体育教学中，整个教学过程主要是通过改变学生身体的手段来实现的，从"教"与"学"的角度来说，可以将体育知识形容成一种"身体的知识"。这种知识最初伴随着人类的发展而发展，每个人类社会时期都有相应的"身体的知识"的传承，如在原始社会，身体知识就是人类通过走、跑、跳、投、打等动作捕获猎物或逃避猛兽的追捕等行为。而在现代社会中，体育知识的传承内容变成了某项体育运动（如篮球、体操）的基本知识或某些体育技能。通过传播体育理论知识，使学生掌握更多的体育健康和体育保健知识，才能从根本上提高学生的体育参与意识，提高学生体育学习的积极性和主动性，进而促进学生个体的身心健康全面发展。

（四）技能发展

体育技能的学习和提高是通过体育教学过程的合理设计和实施来实现的。传统的运动技能等同于生存技能。那时的人类通过走、跑、跳、投、打等行为捕猎和采摘，已获得生存的能力。

现代体育教学中所涉及的体育运动技能对人体的要求不再像过去那样严格，主要是指如球类、武术、田径和游泳等运动技巧和方法。科学研究表明，适当参加体育运动对人身体素质的发展非常有益，而体育教学就成为传授这些运动技术的最好方式。

当前，在普通高校体育教学中，体育教学活动的组织过程就是体育教师以体育教学内容为依据向学生传授体育知识与相关技能的双向信息的传送过程。没有实践就无法学会各种运动技能。运动技术是体育教学的主要内容，也是重要内容。具体来说，教师在体育课中传授的是各项具体运动技术，如足球运动中的传球技术，甚至可以细分到内脚背传球技术。运动技术不同于其他学科的学习，它不仅需要学生对运动理论有深刻的了解，还需要身体力行地参与技术练习，在无数次的重复中逐渐在脑中和身体上建立起对技术的表象反应，最终熟悉动作以及可以在下意识的情况下做出正确的动作，并通过持续的练习来促进各项体育运动技能的提高与发展。

体育教师是运动技术的掌握者和传播者，他们在向学生传授运动技术的过程中发挥着十分重要的作用。体育教师对运动技术的传授应从简单的、入门的、基础的入手，在此之后逐渐积累，由简到繁，循序渐进。

（五）文化传承

体育知识、运动技能的传授都是为体育文化的传承而服务的，从某种意义上讲，体育教学真正的目的在于教会学生正确的体育运动方法，使其能在未来的生活中对其身心产生持续的良好影响，更是一种体育文化的传承。

在体育教学中，对体育知识的传承不是简单的"身体的知识"的模仿，更多的是通过体育教学来向教学对象——学生，传承体育文化，即体育教师通过体育教学内容向学生展现、传授和体育教学内容的相关文化。

传承体育文化是一个长期的、系统的过程，这一过程涉及学生一生的发展，也涉及整个人类社会的发展。

从学生个人的求学过程和人生发展来说，要想真正实现体育教学传承体育文化的功能，就必须使学生通过不同阶段的体育教学，学习到较为完整的运动知识、运动文化。具体应从以下两个方面入手。一方面，保证单次体育课内容之间教学的连贯。可以把体育课中传授的各种小的运动技术累加起来，学生学到的是某个运动项目的完整技术，继续累加，就学到了各种运动技能。另一方面，保证不同阶段体育教学的可持续发展。体育教学是由每周两至三次的体育课组合而成的一种贯穿全年的教学计划。其中根据不同的教学周期可以分为课程教学、周教学、学期教学以及学年教学。比学年教学周期更长的就是多年教学，包括小学体育教学、初中体育教学、高中体育教学和高校体育教学，因此应将这几个不同阶段的体育教学有机统一起来，以促进学生对体育文化系统、全面的掌握和传承，使体育知识和文化丰富学生的整个人生过程。

从整个人类社会的发展来看，现代教育强调以人为本，人们对以人为本的教育教学理念的追求使得人类自我认识的回归不仅代表了体育教学的特殊性，还赋予了体育教学知识传承的特殊意义。具体到体育教学中，要求教师在体育教学的开展和实施中重视学生的主体性作用，因为学生才是体育文化的继承者和传承人，正是通过对体育知识、技能、文化的不断传承，才使体育竞技文化、奥林匹克文化、大众体育文化等得以不断丰富和发展，从而促进了人类社会的进步。

（六）美育功能

体育之美表现在多个方面，体育中蕴含着丰富的美，健、力、美同时蕴含于体育运动中，静态的人体形态和动态的运动节律都具有美的特质，都体现出人们对美的向往。体育运动不仅在运动过程中突出了美的要素，而且在运动结果上也有淋漓尽致的体现。

第三节 高校体育教学的组织和实施

一、高校体育教育的任务

高校体育应紧密围绕增强学生体质的中心任务，使学生在德、智、体、美几个方面都能得到发展。高校体育要改变传统的思想观念，树立"健康第一"的指导思想，针对当代学生体质健康状况实施教学；要发挥学生的主体作用，营造宽松、愉悦的气氛；要以实用为目的，开展一些易学、有趣的体育活动，激发学生参加体育运动的自觉性和主动性。其最终目的是：增强学生体质，提高学生身心健康水平，培养学生的体育健康意识、能力和终身锻炼习惯，以及良好的思想品质，使其成为身、心、智健康发展的社会主义建设接班人。为了达到这个目的，高校体育要承担并完成以下5个方面的任务：（1）促进学生身体的正常生长发育，使学生在身体形态、生理功能、身体素质和基本活动能力等方面得到全面发展，全面提高学生的体能和对环境的适应能力，增强学生的身体素质。（2）对学生进行系统的体育卫生、卫生保健和自我养护的基础知识教育，使学生掌握体育的基本理论知识，确立正确的体育健康观念，学会科学锻炼身体的基本技能和手段，培养他们体育运动的能力和科学锻炼的习惯。（3）使学生认识到体育的地位和意义，提高学生的体育、卫生和文化素养，培养学生的体育保健、独立锻炼和自我评价等能力，养成经常锻炼身体的习惯，为终身体育奠定良好的基础。（4）将思想品德教育寓于体育中，对学生进行品德教育，培养学生热爱集体、遵纪守法、团结合作、勇敢顽强、拼搏进取、开拓创新、艰苦奋斗的思想品德和良好的体育作风。培养学生对体育的兴趣和爱好，树立正确的体育道德观，促进学生健康个性的发展。（5）培养并挖掘学生的体育才能，重点关注有运动才能的学生，提高学生的运动技术水平，为国家和社会培养体育后备人才。

二、高校体育的实施

（一）体育教育

体育教育是高校体育的核心工作。它是通过体育课及课外活动，以身体练习为基本手段，增强学生的体质，传授锻炼身体的知识、技能和技术，使学生养成锻炼身体的习惯，获得终身体育锻炼技能，培养学生道德和意志品质为目的的教育过程。

1.体育课程教育

我国高校体育课程的依据是教育部颁发的《全国普通高等学校体育课程指导纲要》。在组织实施过程中，各大学根据本学校的具体情况，在体育课程设置、学分管理等方面存在一定差异，但其培养目标和体育课类型是相同的。

（1）理论课

理论课是教师以讲授理论知识的形式向学生传授体育知识的教学过程，其组织形式是在教室内进行的。

（2）实践课

实践课是在特定体育场所进行的，通过身体活动向学生传授提高身体素质、发展基本活动能力、增进健康、增强体质的方法，帮助学生掌握体育运动项目的基本技术和技能，提高基本活动能力和运动能力，形成个人体育专长，最终实现增强学生体质、增进身心健康、养成自主锻炼的习惯、树立终身体育思想目的的教学过程。实践课有必修课和选修课两种。《全国普通高等学校体育课程指导纲要》要求普通高等学校的一、二年级必须开设体育课程（4 个学期共计 144 学时），对三年级以上学生（包括研究生）开设体育选修课。在执行中学校可根据情况开设保健课、体育俱乐部课及特色体育课。

2. 课外锻炼

体育课外锻炼不仅是体育课的延伸和补充，而且也在培养学生对体育的兴趣和爱好、帮助学生养成体育锻炼意识和良好的生活习惯、树立终身体育思想等方面发挥着良好的作用。课外锻炼主要有体育俱乐部，早操，院、系、年级、班的课外锻炼等形式。

3. 运动竞赛

运动竞赛是高校体育教育的重要组成部分。通过运动竞赛的组织与实施，可以调动学生参加体育活动的积极性，丰富校园文化生活，促进学生的人际交往，增强学生的集体荣誉感，培养学生的组织能力。

（二）运动训练

组建校级代表队进行课余训练，是高校体育工作的组成部分，同时也是我国体育事业发展的需要。一般而言，高校体育在培养高水平运动员方面包括两个层面：一个层面是从普通大学生中选拔在某一方面有运动特长的学生为对象的运动训练，其主要功能是为在某一方面有运动特长的学生提供进一步提高的平台，同时也对丰富校园文化生活、营造体育氛围、以提高运动成绩带动普及体育运动、通过校际交流提升学校知名度等起着积极的作用；另一个层面是招收专业运动员及具有专业培养潜质的高中生组建校高水平运动队，其主要功能是培养高水平竞技运动员，并代表我国参加世界性比赛，在我国体育制度中，它与省市专业队、俱乐部队共同列为竞技体育的最高层次。随着我国竞技体育体制改革的深入，大学将逐步成为我国培养高水平竞技运动员的重要基地。

（三）体育科学研究

体育科学研究是高校体育的工作之一。高校具有不同学科的高水平科研队伍和实验室设备，为体育科学研究提供了跨学科研究的条件和基础。随着高校体育教师体育科研水平的不断提高，高校体育科学研究将成为我国体育科学研究的重要组成部分。

（四）社会服务

大学具备相对完善的体育设施和体育专门人才，因此，高校体育工作在肩负大学校园全民健身运动开展的同时，还对社会全民健身运动的普及承担着责任和义务，包括提供健身场地器材和技术指导。

第四节　高校体育教育的发展与改革

一、高校体育教育发展的整体情况

（一）高校体育教育深化改革的必要性

作为高等教育的一个重要组成部分，高校体育必然要为社会培养全面发展的人才发挥重要作用。从我国高校体育教育的整体发展状况来看，体育还没有真正成为大学生的生活方式，如何使广大大学生喜欢上体育，愿意参与到体育健身中，掌握 1 ~ 2 项运动技能，形成终身体育的意识，使体育成为大学生的生活方式，这是高校体育教育的努力方向。因此，高校体育还要进一步深化改革，不断强化高校体育的功能，拓宽高校体育的渠道，尊重体育运动规律，改革高校体育的组织形式，充分发挥高校体育在打造人才强国和建设人力资源强国中的教育作用。

高校体育教育深化改革的核心是使大学生养成终身体育的习惯。终身体育是指一个人终身都要接受体育教育和体育锻炼健身的一个系统化过程，属于一个整体的概念。终身体育是人生一个系统连贯的体育锻炼过程。高校体育是学校体育的最后阶段，也是学生发展的一个重大转折点，是人从学校步入社会的节点，使人从"学生"的角色转变为"社会人"的角色，衔接着中小学体育和社会体育。学校体育是有组织、有计划的体育活动形式，有相关的制度作为保障。大学生离开学校后步入社会各个阶层，体育活动的开展完全失去了学校教育中的组织性、针对性和计划性，完全依靠人的自主行为。自觉体育行为的养成，要求行为主体必须要具备终身体育的意识，要有喜欢并擅长的体育项目，且在特长的运动项目上具备一定的技术能力，有一定的体育文化水平。只有这样，在运动场地和相关条件具备的情况下，才会有主动参与体育锻炼的意愿。学校体育教育的作用就是要培养学生终身体育的意识，使学生掌握 1 ~ 2 项自己喜欢的运动技能，从而为进入社会养成自觉的体育行为打好基础。

高校体育要巩固大学生在小学、中学阶段体育技能和健身知识的基础上，帮助大学生在有喜欢的运动项目的基础上进一步提高运动技能水平，储备进入社会的体育运动技能和健身理论知识。大量的实践证明，影响学生终身体育形成的主要障碍是运动兴趣的缺乏和运动能力的不足。因此，高校体育必须要通过深化改革，充分调动大学生的运动参与兴趣，形成终身体育的意识，进而提高运动能力并养成终身体育的锻炼习惯。

（二）高校体育教育改革的重点

教育是社会进步和民族复兴的基石，学校体育作为教育的重要内容，在培养全面发展人才中具有举足轻重的地位，是实现教育现代化的重要体现。因此，高校体育未来的发展与改革必须紧紧围绕培养全面发展人才的需要，开拓创新学校体育工作，充分发挥高校体育在培养全面发展的创新型人才的积极作用。

1. 努力提高大学生体质健康水平

高校体育要充分发挥对大学生的健身功能，尊重体育锻炼规律，控制好体育课的运动强度和密度，努力在增强大学生体质上开拓创新，努力提高大学生体质健康水平。

2. 致力于大学生运动技能的掌握与提高

科学研究和体育教学实践证明，学生运动技能水平的高低与增强体质是成正比的。逐步提高大学生的运动能力水平，是增强大学生体质、发挥体育育人功能的基础。只有让大学生走进运动场，体育的健身和育人功能才能发挥作用。因此，使大学生掌握 1 ~ 2 项运动技能，将是高校体育深化改革的重要任务之一。

3. 引导大学生在兴趣项目上学习

遵守教育性原则、乐趣性原则、健身性原则、文化性原则和可行性原则，在兴趣的指引下，优化高校体育教学内容，指导大学生选择适合自己的 1 ~ 2 项运动技能。大量的实践证明，只有具备可以拿得出手的运动技能，才能使人养成自觉进行体育锻炼的习惯，在生活中大显体育特长身手，提高生活品质，提高健康水平，终身受益。

提高学生的运动兴趣，要通过选择合适的教学方法、优化现有教学内容和提高教师的专业能力等手段去实现。根据大学生现有的运动能力和喜欢的项目，采取分层教学、不同年龄教学的方式方法，充分尊重学生的兴趣选择；根据现有的教学和师资条件，对教学内容进行优化，让学生尽量选择能长期进行练习和锻炼的喜爱的运动项目进行学习，这是今后高校体育需要深入研究和探讨的课题。

4.提高体育教师的专业技能，塑造体育教师魅力

体育教师作为从事体育教育的专业人员，在体育教学过程中的作用至关重要。体育教师素质的高低，是影响体育教学质量的关键。学生运动兴趣的缺乏、运动能力的不足，在一定程度上与体育教师专业技能水平直接相关。我们知道，体育教师专业运动技能的展示，不但可以在感官上给学生带来愉悦的体验，同时也会给学生树立榜样，成为学生效仿的对象，它直接对学生体育兴趣的培养产生作用。从高校体育师资现状的分析来看，目前具有田径运动项目背景的教师比例较高，而大学生对田径的学习兴趣很低；相反，诸如游泳、乒乓球、羽毛球、网球等项目则成为现在学生们所喜爱的热门项目，而具有这些运动项目专业背景的教师比例则很低。在实际教学中，大多数从事这些热门运动项目教学的教师是从田径等项目转过来的，在这种情况下，教师的专业技能水平普遍不高，必然造成教学效果的下降，影响学生体育兴趣的持续性培养。

要使体育教师的主导地位不断提升，体育教师自身的专业化程度就必须要不断满足日益提高的大学生运动技能水平的要求。让教师能在所教授的运动项目上充分展现运动魅力，学生满怀憧憬与渴望地进行学习，这是推动体育教学质量提高，帮助学生掌握运动技能的关键环节。因此，不断提高教师的专业技能水平，也是今后高校体育深化改革的重要内容之一。

二、高校体育教育发展与改革的思考

（一）高校体育教育发展与改革的优势

高校体育与中小学校体育有着很大的不同，主要体现在以下几方面：

（1）大学没有中小学的升学压力，大学生活有着较大的自主空间，而且大学校长更容易从培养德、智、体全面发展人才的角度认识体育的价值。因此，高校体育与中小学相比更容易得到学校的支持。（2）大学具有较强的体育师资力量。目前大学具有硕士、博士学位和副高级以上职称的体育教师的比例明显提高，高校体育师资力量较以往明显增强。（3）大学广阔的校园面积和较为完善的体育场馆设施，为高校体育的开展提供了基础条件。（4）大学普遍具备试办高水平运动队的条件。试办高水平运动队可以有效推动高校体育教学水平的提高，对大学生参与体育可产生积极的影响。（5）高校体育具有良好的学术氛围。目前高校体育科研氛围日渐浓厚，科研立项的质与量明显提升，从事科学研究的教师比例逐渐增大，参与学术论文报告会投稿数量和录取比例不断增大，关注和参加专家学术讲座的积极性明显提高。（6）大学具有较大的办学自主权，可形成以兴趣培养为导向的丰富的体育课程体系内容。游泳、网球、武术、击剑、健美操、足球、篮球、乒乓球、荷球、高尔夫球、板球等项目在大学的开展都较为普及，学生可以自主组织竞赛活动，体育社团及教工俱乐部活动活跃，课内外一体化理念特色容易落实。

（二）高校体育教育发展与改革面临的挑战

高校体育将面临比中小学更大的挑战，要对大学生进行体质健康管理教育，使大学生掌握身体健康管理的方法，掌握 1 ~ 2 项运动技能，为养成终身体育锻炼习惯打下基础。除此之外，高校体育还要准确评估大学生体质健康水平的变化，提出提高青少年体质健康水平的建议和办法，以引导中小学学校体育改进工作，提高效率，取得更大的成效。

大学新生的体质健康水平反映出中小学体育工作的成效，对大学新生的体质健康水平的评估应该成为指导中小学体育工作的重要依据，应该成为高校体育的重要内容。要完成大学生体质健康水平的准确监测和评估，首先就要改变目前学校体育达标测试目的性过强的状况，而要做好这项工作将面临极大的挑战。

大学生体育习惯的养成，包括以下方面的内容：

第一，要懂得进行体育锻炼的道理。

第二，要培养出体育锻炼的兴趣。

第三，要掌握体育锻炼的方法。

当然，要解决每一个问题都不是一件轻而易举的工作，大学阶段毕竟时间短暂，中小学体育没有完成的工作不可能通过高校体育一蹴而就。但高校体育教育有责任做好提高青少年体质的工作，从学校体育全局的角度，发挥高校体育在人、财、物等方面的优势，为搞好我国学校体育工作发挥引领作用。

（三）高校体育教育改革与发展的建议

1. 确立高校体育发展的指导思想

高校体育应确立以提高大学生体质健康水平、掌握 1 ~ 2 项运动技能、养成终身体育习惯为主攻方向的体育学科发展指导思想；通过加强体育师资队伍建设，提高体育教师的科学研究能力，搞好体育教学和开展好校园群体活动，提高高水平运动队的科学化训练水平，推动高校体育学科水平，发挥体育学科在培养大学生全面发展中的重要作用。

2.明确高校体育发展的愿景与目标

高校体育学科发展应全面贯彻党的教育方针,树立以人为本、健康第一、全面发展、终身受益的体育教育理念。通过体育教学和体育活动,促进学生体质健康水平的提高,使学生学会和掌握体育锻炼的方法和技能;培养学生的团队精神、拼搏精神、百折不挠精神,使学生成为身心健康的合格人才。

高校体育的发展应发挥大学综合学科的优势,以面向全体学生为宗旨,建立有特色的体育课程,开展大范围的群众体育活动,发挥高水平运动队对全体学生参与体育活动的引领作用,加强体育学科建设和科学研究。有条件的大学可以在培养高级体育专业人才方面发挥作用,努力提升学生体质健康水平,实现对学生体质健康的科学监测,形成各大学在体育学科建设中的特色,从而使其成为面向全体学生并服务于社会的体育特色学科。

3.创新高校体育教学改革思路

学校体育教学应确立以持续培养学生体育兴趣为导向的学校体育教学改革思路。高校体育教学改革也需要从充分满足学生的兴趣入手,这是培养学生终身体育观念、养成锻炼习惯的需求。

第一,持续培养学生的体育兴趣。学生的兴趣项目一经确定,就要为学生提供学习的条件和营造学习的环境,经过大学课内外始终如一的专注练习,使学生掌握 1 ~ 2 项兴趣项目的运动技能,这是以持续培养学生体育兴趣为导向的高校体育教学改革的有效途径。这与以往提供学生选择和学习多个项目的高校体育课完全不同,它的最大优点是可以集中学生的精力,使之在较短时间内掌握 1 ~ 2 项运动技能,获得一技之长,提高学生的满足感和成就感,并由此形成对该运动项目持续浓厚的兴趣。一旦有了体育兴趣，就很容易养成自觉的体育锻炼习惯，进而有效促进体质健康水平的提高。

第二，新兴时尚体育项目层出不穷。当代大学生的体育兴趣是多样、动态、变化的，要全面适应大学生可能的体育兴趣点，就必须有意识、有计划、有目的地建立可进可出的体育特色课程群，丰富课程内容，但对增设的休闲体育课程，应加大教师教学培训力度，拓展教师的专项教学技能。

第三，努力建设学校体育教学与管理的信息化服务平台，在有条件的场馆场地要引入现代教育技术手段和教学训练，即时视频反馈系统，以突破传统体育教学模式。使用生动、形象、直观的视频教学辅助手段，为学生的课内学习、课外活动和社团体育活动提供便利条件，进而激发学生的学习热情，培养体育的兴趣。

第四，为学生开设健康教育和健康管理方法知识讲座，并通过体质健康水平评价实验课，让学生提高思想认识，掌握方法，进而促进体质健康水平提高。

4.重新审视高校体育师资队伍建设

目前，高校体育师资队伍的结构逐渐发生变化，由单一技能型开始向复合型的方向转变，部分高校体育已开始与学校优势学科相结合，通过学科交叉，在体育人文、体育管理、体育材料、运动生物力学、体育工程等方向上形成了体育学科特色，相应录用和引进了具有相关学科知识结构的师资人才。随着学生体质健康监测与运动干预的逐渐加强，具有生理、生化、医学等知识结构的专门人才开始加入高校体育师资队伍，复合型师资队伍的特征越发明显。

当前，高校体育已不再是"把体育课上好"的简单概念，还要围绕学生体质健康发展及学生体育兴趣的培养，在教学改革、课外体育社团、科学研究与探索、特色体育人才培养、校园体育文化建设等多个方面开展工作，进而提升体育学科地位。调查发现，已有学校开始确定自身的体育学科发展重点方向，并按发展的重点方向规划 5～10 年的师资队伍建设目标，其重点方向涉及高校体育教学改革与体育社团促进、体育人文与城市发展、时尚与传统体育、体育与新材料、大学生体质健康与促进、体育建筑与设计等。

由此来看，面对高校体育工作的新变化，必须重新审视师资队伍的建设问题。

5. 加强高校体育社团建设与发展

大学生体育社团或体育俱乐部已成为推动高校体育工作的重要抓手，是落实课内外一体化理念的重要手段。我们知道，体育课堂教学时间有限，教学内容的局限性较大，运动技能的掌握仅靠课堂教学的有限时间是远远不够的。体育社团或体育俱乐部是学生自愿参加的体育兴趣组织，进入体育社团的学生通常都是对该体育项目比较感兴趣的同学，比较容易形成自觉锻炼的行为。通常，体育社团或体育俱乐部的活动都是在课外，活动时间安排、活动时间的长短比较灵活，不需要教师强制性的管理和过多的投入，只需要有效引导。通过体育社团或体育俱乐部活动，学生可以有效强化课堂上的学习内容，从而熟练掌握运动技能，养成终身体育锻炼的习惯。

因此，高校要采取多种手段，有效促进体育课堂教学与体育社团的联动发展，体育社团应在体育辅导教师的引导下，自主组织活动。为扩大体育社团的影响力，要发展出一定的规模，通过编发体育社团活动简讯，评比体育活动先进社团，参与组织或承办校、院两级竞赛活动，做到大学生运动队的选拔与组建工作，以提高社团的知名度。

大学生体育社团或体育俱乐部是培养大学生体育兴趣的有效载体，通过这一载体可有效落实课内外一体化的教学理念。因此，学校要有计划的加大体育社团或俱乐部的人力、财力、物力投入，提供活动必需的场地，制定各项管理制度及配套措施。

6. 转变大学生体质健康监测与运动干预方式

从目前情况看，围绕大学生体质健康与运动干预的研究已相当普遍。对于如何提高大学生体质的问题，多数学校已通过体育教学改革、加强课外群体活动、促进体育社团发展和发挥高水平运动队引领作用等多方面措施加以改善，但我们认为科学性、针对性还需再提高，特别是对采取措施后实际效果的跟踪调查缺乏科学性，由此，使得再干预的方向和干预重点成效不明显。

鉴于上述情况，应从以下三个方面来开展体质健康的监测工作。

第一，对大学生体质健康的监测与运动干预必须由研究转入实际操作，即每一所大学都应行动起来，通过采取多种体育手段和措施干预大学生体质健康状况。

第二，建立大学生体质监测与运动干预实验室，以实验室为工作平台，建立为大学生提供日常体质健康水平评价和运动干预的服务项目，作为日常工作内容为有需要的大学生提供服务，并以此积累监测数据，建立大学生体质健康水平测试数据库。

第三，建立大学生体质健康监测会员制，定期监测大学生会员的体质健康变化和评价运动干预的效果，以提高运动干预水平，跟踪大学生在校期间的体质健康水平变化，为高校体育教学改革提供依据。

对高校体育教育来说，应开展大学生体质监测与运动干预，准确监测大学生体质健康水平的变化规律，并通过合理、有效的运动干预促进大学生体质健康水平的提升。学生体质健康监测与运动干预应作为高校体育教育一项日常性工作，这一项工作要在学校的大力支持下，从可持续角度出发，建设好基础性硬件环境，培养和形成一支专业队伍，经过长期的实际工作，对学生的健康理念形成影响，从而对促进学生的体质健康发挥作用。

7.促进大学校园体育文化大繁荣

大学校园体育文化是校园文化建设的重要组成部分，对营造德、智、体全面发展人才培养的氛围、丰富文化体育生活、养成文明的生活方式、树立自强不息和团结协作的价值取向具有重要影响。体育是培养全面发展人才的重要组成部分，不仅在促进大学生体质健康上发挥作用，而且也将全面影响大学生的素质教育。大学校园体育文化的建设不是一朝一夕的事情，它是一项系统工程。

第一，充分发挥高水平运动队的影响力。目前，大学的高水平运动队建设较为单一，这些可以通过校园体育明星巡回展、年度最有影响力体育社团评选、开辟校园体育角等手段，使高水平运动队的影响力扩散到全校的每一名学生中，使每一位大学生在追求卓越、自强不息、敢于攀登、直面困难、团结协作等层面充分感受体育运动所具有的魅力。

第二，承接高水平的体育竞赛及体育展示活动。近年来，随着大学校园体育场地设施的不断完善，许多学校已具备了承办高水平体育竞赛活动的硬件条件，部分大学已开始尝试有选择地引进高水平的赛事。上海大学已尝试引进全国女子篮球和女子足球职业联赛，把上海大学作为上海女篮和上海女足的主场进行运作，这两项赛事已为上海大学校园体育文化建设发挥了作用。随着高水平的赛事进入校园,可以使大学生更近距离地接触和感受运动员的拼搏精神,扩大体育精神在校园文化建设中的渗透力。除此以外,大学还可以利用体育场馆的优势,承办一些以体育为主题的展示和项目推广活动,让体育的每一个元素都能对大学生产生影响。

第三,打造校园体育标志性建筑品牌,扩大校园体育宣传的覆盖面。良好的体育场馆条件和标志性体育建筑是校园体育文化建设和宣传的最好载体,围绕标志性体育建筑,丰富多样的体育竞赛活动的举办是对校园体育的最好宣传。特别要注重有组织、有计划地开展各类以图片、视频、文字、标语、雕塑、实物展等为主要内容的宣传,形成全年度、全方位、多形式的校园体育宣传系列,覆盖全校园,覆盖全年度,是扩大校园体育文化影响力的策略。因此,建议高校体育工作应与校宣传部门联合组建校园体育文化推广团队,制定推广规划,确立校园体育文化推广特色,建立可持续推广校园体育文化的长效机制。

第四,形成校园特色体育项目。校园特色体育项目的高度普及和制度化管理,最容易形成校园体育特色。如清华大学的夜跑,上海大学的游泳、网球,北京大学的登山,中国地质大学的攀岩,东华大学的足球等,上海第二工业大学的毽球,通过打造特色体育项目的品牌,形成在同行中的影响力,从而吸引更多的学生参与,形成项目更大的普及和影响力。当然,在进行项目推广的过程中,如果能结合运动项目自身蕴涵的文化加大宣传力度,则会起到更好的效果,如高尔夫、网球的诚信与修养,跆拳道的规范与礼仪,马拉松的坚持不懈等。

总之,高校体育有责任从学校体育的全局出发,充分发挥普通高等院校体育在人力、财力、物力等方面的优势,创新体育教学改革,创建以体育兴趣培养为导向的课程体育与教学模式，大力促进体育社团大发展，科学评价大学生体质健康水平和实施有效的运动干预，树立"健康第一"的指导思想，明确高校体育发展的工作目标，建设复合型师资队伍，尝试体育教师分层管理，努力打造高校体育特色团队，从而为我国学校体育工作发挥引领作用。

第二章 高校体育教学的目标与原则

第一节 高校体育教学目标

一、高校体育教学目标概述

任何活动都是一种有目的、有目标的行为，目标是保证活动按照一定方向有效实施的关键，体育教学自然也是如此。因为体育教学涉及的范围较广，同时又受到时代和人们观念的影响，因此，一直以来，体育教学目标的制定都是体育教学研究中的重点问题，受到人们的广泛关注。

体育教学目标实际上就是人们对体育教学活动的期望，是体育活动所发挥出的一种效果体现。但是体育活动的功能和人们对体育活动产生效果的期望又不能仅仅作为体育教学目标，只有保证两者完美结合，才能保证体育教学目标的顺利实现。

体育是随着社会的不断进步而衍生出的一门学科，也是一个多功能和多指向性的学科。受社会环境的影响，体育教学目标的内容也日趋庞杂，难以进行科学的总结和制定。研究体育教学目标的概念有助于在教学的过程中科学的制定体育教学目标，以保证体育教学的顺利实施。

（一）目标、教学目标的概念

研究体育教学目标的概念，首先应该清楚目标和教学目标的概念，这样有助于人们了解和掌握体育教学目标。

1. 目标

目标是指某一活动在一定时期内预期达到的程度和所取得的效果。目标通常是一个体系或是一个系统，具有方向性、层次性、可操作性和挑战性。在某项活动开始前，对其制定目标，不仅能够激发参与者的热情，同时还能使参与者明确活动的方向。

2. 教学目标

教学本身就是一个实践的过程，教师和学生在这种实践活动中的目标就是教学目标。《教育大词典》中对教学目标的解释为"教学目标是教学中学生预期达到的学习效果和标准"，这为教学活动提供了方向。

（二）体育教学的目标及其相关的概念

从体育教学的研究来看，体育教学目标与体育教学任务和体育教学目的之间有着密不可分的联系。

1. 体育教学目的、教学任务和教学目标的含义

（1）体育教学的目的

所谓体育教学目的，实际上就是指开展体育教学活动是"为了什么"，学校开展体育教学是为了达到什么效果，因此，可以将体育教学目的定义为：人们设立体育学科和实施体育教学所要达到的某种结果和期望。从体育教学目的的定义中可以看出，体育教学目的贯穿于整个体育教学活动，是教学活动的指导思想，控制着体育教学开展的进程和方向。

（2）体育教学的任务

所谓任务就是指被委派的某种工作和责任，即上级为了保证某种期望能够顺利完成而向下级布置的工作。体育教学任务实际上就是体育教师在

教学过程中要做的工作。由此可见，体育教学任务是为体育教学目的服务的，保证体育教学目的的完成，是体育教学的中间环节。

（3）体育教学的目标

体育教学目标是通过对体育教学任务和体育教学目的的分析、归纳、总结而制定的一种较为完善的教学工作计划，是教学过程中教师努力的方向和所预期达到的教学成果。体育教学目标强调的是教学目的和教学任务的阶段性，在教学过程中各个阶段的任务和预期效果以及最后完成的效果。

2.体育教学目标、教学任务和教学目的三者之间的关系

体育教学目标、教学任务、教学目的三者并不是独立存在的，而是相互依托的。

第一，各个阶段体育教学目标的综合就是最终的体育教学目标。体育教学是一个复杂的内容，所以体育教学目标也相对复杂，因此，需要将体育教学目标按照教学的阶段进行分解，保证体育教学目标有效实施。

举一个实际教学中的例子来说，某一个年级的体育教学目标是提升学生的体育运动能力和技能，这种目标总体而言较为笼统，不利于教师在教学过程中的实施。有些教师将这些目标进行阶段性的分解：培养学生对体育运动的兴趣、增长学生对体育知识的了解、培养学生的体育运动技能等，这些小目标最终汇总成体育教学的总目标。

第二，前面我们已经对体育教学目标的概念进行了简单的梳理，明确体育教学目标是体育教学活动预期取得的效果，由此可以看出，体育教学目标是实现体育教学目的的标志。

举一个体育教学中的例子，如体育教学的目的是让学生掌握足球发球的技能，那么，足球教学的总目标就是让学生学会主要的足球技能和有关

的知识、学会运用战术、学习有关规则和背景知识、学会欣赏足球等。各节有关足球课程的教学任务就是指导学生学习和掌握小目标所要求的教学任务。

第三，体育教学任务是保证体育教学目标实现的根本途径，也是体育教学目标和目的实现应该做的实际工作和承担的责任。

举一个体育教学的实例，足球课程的开展目的和目标是为了提高学生对足球技能和知识的掌握。体育教师为了保证这一教学目的和教学目标的实现，在教学过程中，对学生进行足球发球和射门技能的教授（教学任务）。

3.体育教学目标的概念

体育教学目标的可以概念总结为：体育教学目标是根据当前社会对学生的要求、学生的特点和国家的教学方针制定的。

为了保证教学目标的有效落实，可以将其分为阶段性成果和最终成果。阶段性成果是体育教师为了保证体育教学的有效性，根据体育教学总目标制定的阶段目标；阶段任务完成成果的综合就是体育教学的目标。

（三）体育教学目标、体育学科功能和体育学科价值

有人认为体育教学目标与体育学科功能和体育学科价值之间有着非常密切的联系，有时候甚至将体育教学目标定义为体育学科价值和体育学科功能的综合。这是由于对体育教学目标概念理解不深造成的，为了帮助读者更加了解体育教学目标、体育学科功能和体育学科价值之间的关系，笔者根据多年的研究经验，对三者的概念和三者之间的关系进行如下论述。

1.体育学科功能与体育学科价值的含义

（1）体育学科功能

从教育学家和社会学家对功能的定义可知，功能取决于事物本身所具

有的一种独特的性质和特点。因此，体育学科功能也是来自体育学科自身所具有的性质和特点。由于体育是来源于不同领域的文化，是人们长期生活过程中不断积累和总结的一种多样性的学科活动，涉及人们生活中的方方面面，因此，体育学科的功能具有其涉及的每一个文化领域的功能。所以，体育学科的功能具有多样性，并且每种功能均来自组成体育学科的多样化的文化母体的性质和特征。

（2）体育学科价值

一种事物的价值主要取决于其功能，而体育学科的价值也取决于组成学科内容和板块的功能。体育教学的功能具有多样性，所以体育学科的价值也具有多样性。体育学科功能和体育学科价值之间有着非常密切的联系，但是两者又有不同之处。体育教学功能是指某一项体育教学技能或是知识所发挥的作用，而体育学科的价值则是指学生在学习这项技能之后所达到的效果，学生对体育学科的价值取向有助于帮助学生形成对体育学习的主观能动性，实现体育的多种价值。

2.体育教学目标、体育学科价值、体育过程学科功能之间的关系

体育学科功能强调的是一个事物固有的、客观的属性；体育学科价值是体育教学过程中的学习主体和客体被赋予某种技能或体育活动，属于被外界赋予的主观属性；体育教学目标则是根据体育教学过程中每一个教学任务的功能进行价值分析后的行为指向。

如果某项体育技能或者活动具有某种功能，但是人们在教学过程中没有发现这个功能，就不可能把这个功能作为目标；反之，如果一个体育技能或者活动不具有某种功能，即使体育教育工作者要求通过这个技能的学习实现某种功能，那也是不可能实现的。因此，体育学科功能和体育教学

目标是包含与被包含的关系，体育学科功能包含体育教学目标。

体育教学目标通过某种体育活动功能的发挥来实现体育活动的价值。体育学科的价值是人们主观形成的，是由体育教学活动的功能决定的，所以体育教学的目标也是由体育教学的价值形成的；但是，如果一个体育学科不具有某种价值，将其作为体育教学目标的想法也是无法实现的。所以体育教学目标属于体育学科价值的一部分。

所以，我们不能简单地将体育学科功能等同于体育教学目标，也不能将体育学科价值等同于体育教学目标。体育教学目标是体育学科价值与体育学科功能的集合，即体育教学目标既是体育学科功能的一部分，也是体育学科价值的一部分。

（四）体育教学目标的功能

分析体育教学目标的功能有助于人们了解和掌握体育教学目标，为体育教学目标的制定提供科学依据。笔者通过多年对体育教学研究的经验得出，体育教学目标有以下几个方面的功能。

1. 激励功能

体育教学目标是体育教学目的和活动价值的集合，是学校开展体育教学活动课程所要达到的一种目的和效果。确立体育教学目标能够激发学生对体育学习的兴趣，而且目标中的功能和效果能够提升教师对体育教学的热情，激励教师科学的开展体育教学工作，保证教学目标的实现。对社会而言，体育教学能够培养符合时代所需的接班人，这一目标激励着学生、教师和教学研究者重视体育教学。

2. 定向功能

体育教学目标实际上就是体育教学所要达到的一种方向，指导着教学活动按照一定的方向进行；体育教学目标反映体育教学的目的，体育教学的目的是体育教学所要达到的效果和方向。如学校开展体能训练课程的目的就是增强学生的体能，促进学生的身心健康，使其适应社会的发展需要，因此，体育教师在进行教学的时候，会朝这个方向进行。所以，体育教学目标对体育教学而言，具有定向的功能。

3. 评价功能

任何一种学科的教学过程都需要教学目标，它不仅在教学中发挥着激励作用和定向作用，同时也是教学的评价标准。如学校开展篮球课程的根本目标是让学生学会篮球运动的相关技能和知识，这也是教师在教学过程中的方向。如果教师完成了这一教学目标，那么这名体育教师就获得了相应的教学成就，是一名合格的体育教师；如果不能实现这一教学目标，那么教师就没有完成自己的教学任务。由此可以看出，体育教学目标具有评价功能。

4. 规范功能

体育教学相对其他学科而言，具有复杂性，再加上新课标的要求，更加大了体育教学的难度，这就使得有些教师在开展体育教学的过程中，无法保证体育教学的科学性，最终造成不好的影响。体育教学目标是教师教学过程中的参考，规范了教学过程中教师的行为和教学的内容，使得体育教学能够按照科学的轨道进行，促进了教学质量的提高。

二、体育教学目标的划分及其之间的关系

同很多事物一样，体育教学目标也有着固定的体系和科学的分类。多年来，体育教育工作者们一直想解决"体育教学目标空泛"的问题，这个问题的实质就是没有对体育教学目标进行科学的划分，导致在体育教学过程中，无法保证体育教学目标的实现。

（一）对体育教学目标进行划分的意义

体育教学目标按照教学的不同领域进行划分，可以分为知识、技能、体能、情感和意志五大类。传统的体育教学目标将这五大类教学目标交织在一起，给基层的体育教学带来一定的困惑和难题。从事任何一种学科的教学过程，其目标内容都是由情感态度要素、知识要素和基本能力要素组成的。如果我们打破传统较为笼统的体育教学目标，按照其涉及的不同领域进行分类，将会对体育教学工作和教学目标的实现带来很多便利。

（二）体育教学目标的划分方法

下面将按照体育教学涉及的领域对体育教学目标进行划分，并作简要的概述。

1. 知识目标

知识目标贯穿体育教学过程的始终，是体育教学的基础，包括对健康的认识、体育目标概念及原理和体育教学规律的学习要求，如认识和理解体育锻炼对身体造成的影响，了解体育教学对学生心理健康的影响，了解体育教学在当今教育学和社会中的地位和意义。这样的教学目标能够使教师在教学过程中有意识地向学生讲授一些体育基础知识，丰富学生对体育教学的认识，提高学生对体育学习的兴趣。

2. 体能目标

体能目标主要体现在身体健康领域，是为了提高学生的体能素质、适应当今社会对学生的体能需求而制定的一种目标。如，通过各种田径运动项目，提升学生的跑步速度；通过跳绳、跳高等运动项目，提升学生的有氧耐力；通过篮球、足球等各种球类运动，提升学生的反应速度和灵敏性。体能目标能让教师加强对体能训练的认识，有目的的对学生开展体能训练项目。

3.技能目标

技能目标主要集中在对学生进行体育教学过程中的某项活动的操作方法和技巧的领域，提出对学生学习和掌握某项活动的操作技能和方法。如在篮球课程的学习中，培养学生在打篮球过程中对战术的掌握和运用能力；在体操或是舞蹈的学习过程中，学会舞蹈的动作要领；在学习田径运动时掌握几个主要的田径运动技能和方法等。技能目标明确了学生的学习领域和学习内容，提高了教学的针对性。

4.情意目标

情意目标分散在体育教学目标的各个领域，主要集中在学生的心理健康和适应能力领域，是社会发展对学生的价值观、道德情感、心理素质、精神素质、社会价值等各方面与心理健康相关领域的目标。如在参加某种体育教学活动的过程中，提高了学生的交际能力；在某种具有竞争性项目的活动中，加强了对学生心理素质的教育等。情意目标在教学过程中容易被忽视，对其进行划分有助于强化教师对教学过程中学生心理健康教育的重视。

由此可见，对体育教学目标进行划分能够使体育教学工作者在教学过程中厘清思路，使人们对达成各项目标的方法、教学特点有一个较为清晰的认识，同时也降低了在教学过程中的教学难度。如在教学过程中将某一个教学内容划分为知识目标，就可以选择一些与目标紧密相关的内容进行讲授，同时也明确了在对学生进行体育教学相关知识的教授时应该采用什么样的教学手段，安排什么样的教学环境从而有助于学生对教学内容的掌握，需要多长的时间才能保证这一目标的实现。可以说，对教学目标进行划分，有助于体育教师明确体育教学目标的性质和特点，从而有利于体育教学目标的确立和教学方法的选择。

（三）体育教学目标的划分依据

同其他学科的教学目标一样，体育教学目标也是一个较为笼统的体系。笔者认为，体育教学目标的划分是由体育教学目标的层次和体育教学目标的分类决定的。

1.体育教学目标的层次

体育教学目标是由多个层次的目标组成的，其中包括课程教学目标、水平教学目标、学年教学目标、单元教学目标、课时教学目标，甚至还有更为细分的知识点和技术点的教学目标。其中课程教学目标和水平教学目标均属于学段教学目标。

（1）学段教学目标

我国传统体育教学过程中对学段教学目标的划分基本上是根据学校教育的不同层次进行的。学校教育划分为小学、初中、高中和大学四个基本学段，对每个学段都规定了相应的教学目标，这种形式的划分更符合学生的身心发展需要，使体育教学更具有科学性。

（2）学年教学目标

学年教学目标是在学段教学目标的基础上进行确立的，它是对每个学段内的学年体育教学活动目标的分解，是该学段的学生在学年结束的同时必须完成的教学任务。学年教学目标有助于对体育教师教学效果进行评价。

（3）单元教学目标

单元教学目标是在学年教学目标的基础上制定的。单元是在学年的教学过程中，根据教学模块进行划分的，是各门课程教学中相对完整的划分单位，它代表着课程编纂者和课程开发者对课程结构总的看法和认识，以及在此基础上对某一个教学内容的要求。任何一位教师在对学科课程进行教学时，都是按照单元组织教学活动的。

（4）课时教学目标

课时是教学活动进行的基本单位，是在单元教学目标的基础上确立的，连续几个课时的教学目标最终构成单元教学目标。课时教学目标是教师自行编写的，因此具有很大的灵活性。课时教学目标是构成以上各种目标的元素，因此在体育教学目标的实现过程中显得尤为重要。

2.各层次体育教学目标的功能与工作

从以上体育教学目标层次的划分中我们可以看出，体育教学目标的划分是具有科学依据的，每个层次的教学目标都有其功能与作用。作为一名体育教学工作者，应该详细地掌握体育教学目标的功能，这样才能有利于体育教学工作的开展。

（1）各层次教学目标的主要功能

体育教学目标的功能实际上就是指各个阶段的体育教学目标所具有的作用和特点。如果体育教师在教学的过程中，不明确各层次教学目标的功能和作用，那么，这个层次的目标就会与其他层次的目标混淆，就会对教师的教学过程造成一定的干扰，无法保证本层次目标的实现。所以，我们可以简单地将体育教学各个层次的目标理解为体育教学各个阶段目标的定位和教学目标的特点。如课时教学目标的功能就是明确本课时的教学任务和要达成教学目标需要采用的教学方法。

（2）制定各层次教学目标的主要工作

各层次的体育教学目标都有其需要解决的问题，每一个层次的教学目标都有其需要做的重点工作。因此，各层次的教学目标要能帮助教师更详细地了解本课时的教学任务重点和教学工作的着眼点。换言之，就是帮助教师了解在完成这一阶段教学目标的过程中应该做什么事情、采用什么样的方法、达到什么样的效果。所以对体育教学层次的划分有助于教师对体育教学内容的梳理和理解，从而保证教学的质量，促进教学目标的实现。

（3）各层次教学目标的搭载文件

所谓的搭载文件就是体育教学目标制定的依据和参考。不同层次的体育教学目标所选择搭载的文件也有所不同，这是因为不同层次搭载文件的侧重点不同，如学段教学目标和学年教学目标的搭载文件中，就不会出现课时教学目标和单元教学目标的字眼，同样，课时教学目标和单元教学目标的搭载文件中也不会出现学年教学目标和学段教学目标的字眼。因此，体育教学中各个层次的搭载文件也是一个可以清晰辨别体育教学目标特征的依据。

3.各层次体育教学目标之间的关系

通过上述对体育教学各层次的教学目标以及教学功能的了解，笔者得出，学段教学目标、学年教学目标、单元教学目标、课时教学目标四者之间的关系如下。

（1）相互促进的关系

以上对体育教学目标进行的划分是按照体育教学发展的阶段进行的，如课时教学目标强调的是每一节体育课的教学，单元教学目标强调的是一个单元的体育教学，学年教学目标强调的是一个学年的体育教学，学段教学目标强调的则是整个教学过程中的体育教学。实际上这都是随着学生学习过程的不断变化而产生的。课时教学目标的完成促进了单元教学目标的完成，单元教学目标的实现促进了学年教学目标的实现，学年教学目标的实现又促进了学段教学目标的落实，因此体育各层次教学目标之间是相互促进的关系。

（2）包含与被包含的关系

前面我们已经提到，对体育教学目标所进行的层次划分是按照教学过程的先后顺序制定的。因此，各层次教学目标之间存在包含与被包含的关系，如单元是由课时组成的，所以单元教学目标也是由本单元所计划的课时教学目标组成的。以此类推，学年教学目标是由单元教学目标组成的，学段教学目标是由学年教学目标组成的。所以，各层次教学目标之间是包含与被包含的关系。

（四）体育教学目标的其他分类以及之间的关系

有关体育教学目标的划分，不同的研究者有不同的分类方法和途径。无论哪一种分类方式，都是为了对体育教学目标进行细分，不断地提升体育教学的质量。

1.布鲁姆的体育教学目标分类

布鲁姆根据体育教学对学生不同领域造成的影响，将体育教学的目标分为认知领域的体育教学目标、情感领域的体育教学目标和动作技术领域的体育教学目标。所谓认知领域的体育教学目标，主要指通过体育学习，让学生掌握体育相关的知识，领会体育相关技能的动作要领，学会一些基本的体育运动技能。情感领域的体育教学目标，实际上就是指学生通过对体育课程的学习而产生的某种态度，如了解体育学习的价值，对体育学习产生浓厚的兴趣。动作技术领域的体育教学目标，实际上就是体育教学的最终目标，实现对学生身体和心理的教育，帮助学生领悟一些运动的战术和技巧。

认知领域的体育教学目标促进了情感领域体育教学目标的升华，情感领域体育教学的目标是组成动作技术领域体育教学目标的前提和关键，三者是上位和下位的关系。

2.加涅的体育教学目标分类

加涅认为，体育教学应该按照学生接受体育的过程进行分类。因此，他将体育教学的目标分为智力技能目标、认知策略目标、言语信息目标、动作技能目标和态度目标五大类。所谓智力技能目标，简单地说，就是通过对体育的学习，学生在观看某一场比赛时，能够指出哪些行为是违规的；认知策略目标就是指学生通过对体育课程的了解和认识，可以归纳有氧运动对控制体重的作用；言语信息目标是能够流利地陈述某种体育活动的宗旨；动作技能目标是指能够熟练地完成一个体育动作和技能；态度目标是指形成的某种体育运动习惯。

上述五大目标之间的关系实际上就是人们在接受一种新知识和学习一种新技能时的情感和态度所发生的先后变化，是通过逐层次的完善而最终使得目标确立的一种途径。每一种目标与其他几种目标都是本质联系的。

体育教学目标的重要性是毋庸置疑的，但是体育教学是一个较为复杂的概念，涉及的方面众多，所以体育教学目标的制定面临着各种各样的困难。再加上在现实的教学过程中，有很多不确定的因素，所以，体育教师在实际教学过程中所制定的教学目标并不像理论所阐述的那样简单。体育教学目标制定得是否合理，对体育教学质量的提高和教学目标的落实都有很大的影响。

三、体育教学目标制定的现状

体育教学目标是指导体育教学的关键，在体育教学中发挥着非常重要的作用。但是，由于体育教学发展的历程较短，再加上体育教学的实践性较强，教学过程中容易出现很多不确定的因素，因此，体育教学目标制定的现状并不理想，主要表现在以下几个方面。

（一）对体育教学目标的认识不足

受传统教育观念的影响，很多学生、家长和教师都较为重视学生文化课程的教育，没有对体育教学形成足够的重视，学校的体育课程形同虚设。有的学校缺乏专业的体育教师，而是由其他学科的教师兼任体育教学工作者。因此，虽然学校按照教育部门的要求开设了体育课，但是常把体育课变为其他学科的附加课程或是自习课。

（二）没有明确的教学目标

体育课程是一门复杂的课程，因此在制定体育教学目标时，不仅要求体育教学工作者具有扎实的专业功底，同时还要保证体育教学目标的制定符合学生的身体发展的特点和社会的实际需求。有些体育教师在制定体育教学目标时考虑的因素不全面，导致体育教学目标制定得不明确，无法保证目标的实现和体育教学的实施。

（三）教学目标相互雷同

由于体育教学涉及的领域众多，因此，在制定体育教学目标的时候，应该对体育教学内容进行全面的了解，掌握体育教学内容之间的关系。但是，许多体育教师并未在制定目标之前做足够的准备，导致制定的各阶段体育教学目标相互雷同，学生在学习的过程中觉得体育课程枯燥无味，同时也不利于教学目标的实现。

（四）教学目标较为空泛

前面我们在介绍体育教学目标分类的时候，了解到在教学过程中要对体育教学目标进行细分，这样有利于教学目标的实施。但是有的体育教师在制定体育教学目标时，忽略了对体育教学目标的细分，导致教学目标较为空泛。空泛的教学目标会使教师在教学过程中没有明确的教学方向，导致教学进程过慢，失去体育教学的意义。

（五）教学目标较为盲目

随着生活水平的不断提高，人们对体育教学的重视也发生了不同层次的变化。体育教学逐渐成为学校教学过程中的一个重要组成因素。但是体育课程标准中对体育教学目标的要求并不是十分明确，加上教师的专业水平有限，无法对体育教学目标进行有效的揣摩，这导致体育教师在制定教学目标时无从下手，最终导致教学目标的制定脱离教学的实际，教学目标不具有科学性。

（六）对教学目标层次性理解不够

从体育教学的进程来看，体育教学目标具有层次性，这是体育教学目标制定时的依据，教师对此理解不深入，导致教学目标的层次性不明显，不利于指导教学过程的实施，同时也不利于分层次的教学目标的制定和教学质量的提高。

（七）体育教师教学过程中的惯性

传统的体育教学目标的制定方法十分简单，只是简单地填充一些身体健康、技能、交际和心理健康等方面的词语。有些体育教师在制定体育教学目标的时候，为了省时省力，套用教学标准中的一些要求或者是直接沿袭传统的体育教学目标，但是这些目标是否能够一一实现，是否有利于体育教学总目标的实现，体育教师很少考虑，所以导致体育教学目标失去意义。

四、新课标对体育教学目标制定的要求

新课标肯定了体育教学在学生成长过程中的重要作用，对体育教学目

标提出了详细的要求，保证了体育教学的科学性和有效性。新课标的体育教学注重学生的身体健康和对心理素质的培养，为体育教师制定体育目标提供了依据和参考。根据对新课标改革下的体育教学的研究，可以将体育教学目标的制定要求总结如下。

（一）"健康第一"

新一轮的体育与健康课程标准明确提出了体育教学目标制定时"健康第一"的指导思想，有力论证了体育教学对健康的促进作用。因此，许多学者一直坚持体育课程的主要目标是促进学生的健康指标。目前体育教学中所提倡的健康，并不是指没有疾病，而是指身体上、精神上以及心理上和适应社会上的完好状态，这些也是社会发展对学生的根本要求。因此，体育教师在制定教学目标时，应该将健康放在教学目标制定的第一位，这样才能使教学目标符合新课标的要求，有利于学生的成长。

（二）"增强体质"

新课标将"增强体质"作为体育教学的指导思想。有关部门对当今学生的体质健康监测情况表明：我国学生的体质有下降趋势。经研究表明，造成学生体质下降的原因主要有以下几种：（1）学生的体育锻炼不足，锻炼的时间和强度不够；（2）生活方式和学习方式的变化以及业余生活的丰富，导致学生的运动时间逐渐减少，再加上饮食习惯的变化，导致学生的热量摄入过多，身体健康趋势下降；（3）社会节奏的加快和升学压力的不断加大，导致学生的精神高度紧张，睡眠不足，使学生的免疫力下降，最终影响学生的身体健康。

因此，学校应该针对这些原因，制定针对性较强的体育教学目标，达到增强学生体质的目的。

（三）注重对学生"三基"的培养

"三基"实际上是指教学的基础知识、基本技能和基本技术，是所有学科教学具有的共性目标。由于体育教学内容涉及范围较广，所以体育教学在"三基"目标上的确立和完成相对其他学科而言，表现得较为不成熟，教师在制定教学目标的时候，对体育教学思想的认识也存在问题。第一，其他学科中所讲述的"三基"是根据学科内容之间的内在联系来确定的，但是体育教师在此内容的确定上却没有明确的规定。第二，体育教学的实践性和复杂性，使得体育教师在制定目标的时候，忽视"三基"目标。第三，体育的终身化是体育教学的思想之一，但是受社会发展和人们观念的影响，这一目标尚未被人们接受。为了保证体育教学能够按照社会的需求进行，教师在制定体育教学目标的时候，要注意对"三基"目标的确定。

（四）全面发展

新课标的体育课程标准要求体育教学必须保证学生的全面发展。所谓的全面发展，就是体育教学不仅是教授学生体育技能、知识，强化学生的身体素质、坚定学生的意志，同时还要保证对学生的心理健康教育和社会适应能力的培养。可以说，全面发展涵盖了德、智、体、美的各个方面。因此，体育教师在制定培养学生全面发展目标的时候，就会出现一些问题，如在目标的制定过程中对全面发展思想的层次化、体系化考虑得不够深入。因此，体育教师在进行教学目标制定的过程中，应该秉承全面发展的思想，对教学过程中的相关因素进行分析和调查，最终确保目标确立的准确性。

（五）注重对学生兴趣的培养

新课标中提出了"快乐教育"的思想，所谓的"快乐教育"，就是从培养学生的学习兴趣入手，让学生在进行体育学习、技能掌握以及技术创新的过程中，培养对体育活动的兴趣，从而激发学生在体育教学过程中的自主性，坚定学生的意志。部分教师在制定"快乐体育"这一教学目标时，将其异化为随意性的教学，对学生缺乏科学的管理，对学生过度放纵使得学生缺乏集体感，对学生过度赞美使得学生缺乏正确的自我认知。快乐教育强调的是培养学生的兴趣，使学生在轻松愉快的环境中学习体育的相关知识，潜移默化地促进教学目标的落实。因此，体育教师在制定教学目标的同时，要正确理解"快乐教育"的思想，并将其纳入体育教学的目标之中。

三、制定体育教学目标时遇到的问题

体育教学目标是体育教学中的重要内容，也是体育教学工作者进行体育教学研究时的必备课题。但是体育教学是一门较为复杂的学科，无论是体育课程专家在制定上位教学目标时，还是体育教师在设计体育教学目标时都遇到了一系列问题。

（一）体育课程专家在制定上位教学目标时所遇到的问题

多年来，体育教学目标制定过程中的一个突出问题就是上位教学目标不明确、不具体，这个问题实际上就是课程内容梳理和课程编排上存在的问题，如果体育课程专家在进行体育教学目标的制定时没有对学科内知识、技能之间的联系进行分析和研究，那么这一问题就难以解决。而且上位目标制定得不具体、不明确，直接对下位目标和体育总目标的制定造成干扰，不利于增强体育教学目标制定的规范性，将对体育教学造成非常不利的影响。

（二）体育教师在制定课时目标时遇到的问题

从目前一些体育教师制定的体育课时教学目标中可以看出，无论是对本节课教学目标内容的表述还是对技能的描述，都存在目标行为意图不明显的问题。这些问题使得教师在日常教学中的行为指导不明确，对教学过程的知识和技能的管理以及教学效果的评价都缺乏可操作性。

目前从一些体育教师的课堂教案中可以看出，一线体育教师在制定课时教学目标时遇到的问题有：（1）没有对课程的内容和各方面的因素进行分析和研究，而是直接移植一些课程文件的目标。（2）凭借自己对本节体育课程的揣摩，制定较为随意的课程目标。（3）在教学过程中，不按照制定的教学目标进行教学，使教学目标形同虚设，教学行为较为混乱。

（三）体育教师在制定单元教学目标时遇到的问题

单元教学目标是由课时教学目标组成的，单元教学目标强调的是一种或是一类体育活动的完整性。制定科学的单元教学目标，能够帮助教师厘清体育教学的思路，保证单元教学有条不紊地进行。但是目前一线体育教师对单元教学目标的制定存在问题，主要表现在：（1）体育教师在制定单元教学目标的时候，没有对本单元的课程进行理解和掌握，只是从单元的课程标题上确定单元教学目标，导致教学目标较为空洞。（2）体育教师在制定单元教学目标的时候，由于缺乏专业素养，未能保证知识和技能的全面性。

（四）体育教师在制定学年教学目标时遇到的问题

学年教学目标体现了教师在本学年的工作任务和所要达到的目的，是教师教学工作的指导。从当前体育教学中学年教学目标的内容以及完成的情况来看，学年教学目标的制定存在以下几个方面的问题：（1）目标脱离教学的实际。体育学年教学目标由于涉及的内容较多、较为繁杂，出现了教学目标脱离实际的现象，这主要是因为体育教师对学年的教学内容理解不深入造成的。（2）目标缺乏操作性。体育是一门对实践性要求较为严格的学科，同时在教学过程中需要各种器械或是现代科技的帮助，才能保证教学目标的实现。但是有些体育教学目标中涉及一些学校没有的设备，导致教学目标没有可操作性，这是由于体育教师对教学过程中相关因素了解不全面造成的。

体育教学目标的制定难免会出现一些不够完善的地方，如有些教师在制定教学目标的时候无法转变到"以学生为主体"的观念，在教学目标的制定上忽略对学生特点的分析；有的教师在制定教学目标时没有进行全面的分析和考量，导致教学目标的片面性。但是，笔者认为，在新课标的理念下，要真正领悟体育课程的意义，就要对体育课程进行全面的分析，踏实地走好体育目标制定时的每一步；同时紧紧抓住"终身教学"这一体育教学目标的宗旨，全面培养学生的体育知识和体育技能，这样才能实现"以人为本"的体育教学宗旨，提高体育教学的质量。

随着时代的不断发展，改革和创新为体育教学带来了更多的机遇和挑战。当前我国正处于教学的改革和创新期，在体育教学目标制定的过程中难免会遇到一些问题。但是，只要我们不断地总结经验，对体育教学内容进行深刻的了解，对体育教学中的相关因素进行认真的研究，就能走出制定体育教学目标的困惑，保证体育教学目标的科学性，进而促进体育教学质量的提高。

四、体育教学目标制定的依据和方法

随着人们对体育教学重视程度的日益提高，体育教学目标成为体育教学过程中的重要因素，对体育教学目标的制定是体育教学对教师的根本要求。但是，体育教学目标的制定至今仍是体育教学研究的一个难题。不少学者和体育教学专家经过研究和科学的分析指出，要想制定出合理的体育教学目标，首先应该清楚体育教学目标制定的依据以及方法。

（一）合理制定体育教学目标的意义

体育教学目标的制定之所以受到广泛的关注，主要是因为体育教学目标在体育教学过程中发挥着非常重要的作用。任何一名体育教师在制定体育教学目标的时候，都应该对其有一个充分的了解和认识。笔者经过对体育教学的不断研究，认为合理制定体育教学目标具有以下重要意义。

1. 充分发挥体育学科教学的功能

体育学科教学的功能是通过体育教学目标进行明确和定位的，因此只有合理地制定体育教学目标，才能使体育教师在教学过程中明确要实现体育教学的功能。如，加强学生身体锻炼的目标是帮助实现体育教学的强身健体功能；快乐体育的教学可以实现体育教学激发学生学习兴趣的功能等。每一种体育教学目标都能促进体育学科教学功能的实现，如果制定的体育教学目标不合理，就不能充分发挥体育教学的作用，甚至还可能使体育教学课程变得空洞，不利于体育教学质量的提高。

2. 确保体育教学目的的实现

体育教学目标的实现是实现体育教学目的的标志。因此，只有制定合理的体育教学目标，才能促进体育教学目的的实现，如提高学生的体能目标是健身目的的标志，让学生学好每一项运动技能目标是保证学生实践能力提高的标志。如果制定的教学目标不合理，那么就无法保证教学目的的实现；如果体育教学目标和体育教学目的不对应，那么就会使课堂教学目标和教学总目标之间存在差异，这样的目标就是一个失败的目标，当然也不能促进体育教学质量的提升。

3.确保不同层次目标之间的衔接

总的教学目标是由阶段性的教学目标组成的，如果制定好每一个阶段的体育教学目标，就可以保证体育教学总目标的顺利完成。合理的阶段目标的制定能保证每个目标之间衔接的紧密性，就能促进教学总目标的实现。如果有一个阶段的教学目标制定得不合理，那么它与其上下阶段的教学目标之间将失去联系，阶段目标的总和与总目标之间也会存在一定的差异。

4.明确和落实教学任务

在对体育教学目标概念进行阐述时，我们已经清楚了体育教学目标与体育教学任务之间的关系，明确了体育教学目标决定着体育教学任务的方向。目标就是体育教学方向的标志，但是只有标志没有行动，也无法保证体育教学目标的实现。因此，要有具体的体育教学任务支撑体育教学目标的实现。合理的体育教学目标有助于明确体育教学任务，否则体育教学任务就失去了前进的指导方向，不利于体育教学任务的落实。

5.规范体育教学过程

体育教学目标不仅指导着体育教学的方向，而且在体育教学目标实现的具体步骤和方法上也起到了规范的作用。体育教学目标实现的过程中，每一个步骤之间都有着紧密的联系，首先应该实施哪一步，然后再进行哪一步，这些都是靠制定阶段性的体育教学目标实现的。体育教学目标的制定过程就是体育教学过程的规范过程。因此，合理的体育教学目标有利于体育教师在教学过程中对教学步骤的控制，有利于实现教学过程的规范性和科学性。

6.指引和激励教师和学生

体育教学目标反映的是教师教学的愿望和学生的学习愿望，明确教师和学生努力的方向，当这种方向成为人们意识中的一部分的时候，就会形成动机和动力源泉。虽然有些教学目标并不是由任课教师制定的，但是合理的体育教学目标必能反映体育教学的方向和学生学习的欲望。同时教学目标的制定能够帮助教师清楚地认识到教学效果与既定目标之间的差距，激励学生发现和解决问题。所以，制定合理的教学目标可以激励教师和学生，保证教学目标的实现。

7. 形成检测教学成果的标准

体育教学目标是体育教学需要达到的教学效果，是判断体育教学任务是否完成的标志，因此，体育教学目标本身就具有很鲜明和可判断的标准，阶段性目标的达成与否是评价教师某个阶段教学质量的标准。而总目标的达成与否是在教学过程完成时，根据学生所具有的体育活动知识给予体育教学质量评价的标准。

（二）体育教学目标制定的依据

体育教学目标是体育教学过程的参考，是保证教学正常开展和实施的前提，因此体育教学目标的制定应有一定的依据，这种依据约束着体育教师对目标制定时的思想和方向，以保证体育教学目标制定的合理性。通过对体育教学目标制定的研究和考察，以及对体育教学特点的分析得出，体育教学目标制定的依据有以下几点。

1. 国家的教育方针和政策

我国在制定体育教学课程的大纲时，是以坚持国家的教育方针和相关教育政策为基本前提的，体现了现阶段国家和社会对体育教学的总要求。制定的教学目标只有建立在国家教育方针和政策的基础上，才能保证教学大纲的实现，才能保证教学目标符合社会实际的要求。在此基础上制定教学的总目标和各级目标，便于形成完整的体育教学目标，促进体育教学的统一和完善，保证了教学总目标和各阶段体育教学目标的科学性。因此，国家的教育方针和相关教育政策是体育教学目标制定的直接依据，也是体育教学目标制定的基础。

2. 学生身心发展的特点以及其他规律

学生是体育教学中的主体，是体育教学目标实施的对象，是体育教学过程中的重要组成部分。因此，在制定体育教学目标的时候，为了保证所制定教学目标的科学性和有效性，应该以学生身心发展的特点以及规律为依据。体育教学本身就是一个十分复杂的学科，对学生的实践性要求又特别严格，如果教学目标的制定脱离了学生身心发展的特点和规律，那么就无法指导教学过程的完成，也就失去了意义。体育教学目标的完成程度主要是根据学生通过教学之后所达到的水平体现的。因此，体育教学目标与学生自身的特点有着十分密切的联系，只有适应学生身体发展特点和规律的教学目标才是切实可行的。所以，学生生理和心理发展的特点以及规律是制定体育教学目标的依据。

3. 体育教学的具体实际

体育教学的具体实际是保证体育教学目标完成的根本条件，同时也是制约体育教学目标完成的重要因素。虽然我国体育课程的开展和普及针对的是全国范围的学校教育，但是每个地区的发展情况不一致，并且地域之间的气候、教学条件也存在差异，再加上教师的自身水平不同，因此，教学目标的制定也存在一定的差异。如一些教学条件相对较好、教师队伍专业水平相对较高的地区的体育教学目标，与教学资源匮乏、体育专业教师队伍缺乏地区的教学目标存在很大的差异。如果在教学目标制定的过程中，不结合教学实际情况，那么有些地区的教学目标将不可能实现。这就要求体育教师制定教学目标的时候必须从实际出发，充分考虑各地区的状况和教学条件。

4. 社会发展的需要

开展体育教学的目的是培养德、智、体、美全面发展的高素质人才，这也是社会发展的需要。任何一门学科教学目标的制定都是围绕社会的发展需要进行的。学生首先是一个社会人，其与社会的发展息息相关，只有根据社会的发展需要制定体育教学目标，才能与时俱进地开展教学，保证教学的质量，提高学生的社会适应能力。如果在制定体育教学目标的时候没有围绕这一因素进行，那么所培养的学生将有可能不能适应社会的发展需求，最终被社会淘汰，因此说社会是评价目标完成效果的一个舞台，社会需求是体育教学目标制定的重要依据。

5. 教学内容

教学内容是体育教学过程中的参考因素，也是体育教学工作者制定体育教学目标的依据之一。教学目标的制定是为了保证实现教学目的，教学内容是教学过程的依据，因此教学内容也理所当然成为教学目标制定时的依据。如果教学目标脱离了教学内容，那么教学目标就失去了实现的可能，不仅会使教学的方向发生改变，同时还会对教学造成一定的困扰，无法按照教学大纲的标准教学。如某一教学内容是开展对学生足球技能的培训，教学目标定为提升学生的篮球技能和技术，那么这样的教学目标就失去了意义，也不可能实现。为了保证体育教学目标的有效性，就必须根据体育教学内容进行教学目标的制定。因此，教学内容也是制定体育教学目标的重要依据。

（三）体育教学目标制定的方法

体育教学目标是指教学活动实施的方向和预期达到的效果，是体育教学活动的出发点和归宿，是教师对教学活动结束后，学生所达到水平的一种主观愿望。经过研究，笔者认为体育教学目标制定的方法如下。

1. 掌握体育教学目标制定的原则

无论是制定哪个学科或是哪个层次的教学目标，一般都要遵守教学目标制定的原则，就体育教学而言，在制定相应的体育教学目标时，需遵守以下四个原则。

（1）目标在体育教学场景中的原则

体育教学一定是在体育教学场景内实现的，体育教学场景外即使发生体育活动，也不属于体育教学。所以体育教学目标的制定一定要保证它的场景性，如与体育相关的知识、技能、战术等内容，都是属于体育场景内的内容。如果教学目标失去场景性，那么教学目标就失去了意义。

（2）目标包含努力因素的原则

教学目标是激发学生学习动力的一个方向和指导，如果教学目标不包含努力的因素，学生轻而易举就能完成，那么目标就会失去其应有的激励作用。因此，在制定的体育教学目标中，一定要含有让学生能够通过一番努力才能达到效果的因素，这样才能对学生起到激励作用。

（3）目标的可选择性原则

一个合理、科学的体育教学目标必须是能够提供多个途径和多种渠道完成预期教学效果的，但是如果一个教学目标不具有这种可选择性，那么它就不是一个合理的教学目标，不利于学生的体育教学目的的实施。

（4）目标依托体育教材的原则

体育教材是体育教学目标制定的依据。体育教学目标不等同于教育的目标，不等同于教学的目标，也不等同于学校的教育目标。它们之间的区别主要表现在体育教学的目标是依托于体育教材制定的，完全脱离体育教材的教学目标难以与具体教学环节联系起来，也没有明确的方法指导体育教学目标的实现，因此，在制定体育教学目标时，应该坚持依托体育教材的原则。

2. 了解目标的两类表达方式

了解目标的两类表达方式是体育教学目标制定的方法之一。所谓的两类表达方式为：其一，明确地告诉学生学习的结果是什么，这种表达方式一般用于知识和技能目标。知识目标是指学生通过学习，初步地了解一些运动基本知识，并且能简单地描述这项运动的重点和应注意的事项。技能目标是指学生通过对教师教学过程中的模仿和练习，掌握运动的基本技能，并清楚运动项目的技巧和运动方式。其二，描述学生参与运动过程中的心理感受和态度，一般是学生主观产生的，难以用语言表达，只能通过行动进行判断，如情感态度和价值观，即情感目标。情感目标是学生在参与某种运动项目的时候产生的一种心理和态度变化，能够培养学生特定的意识和能力。

3. 深入探析教学目标的表达方式

要想制定出可操作、科学性较强的目标，首先应该对以下几个问题有深入的了解。

（1）把握目标表述的四要素

目标表述的四个要素分别是行为主体、行为动词、行为条件和行为程度，这四个要素是目标表述时的常用语言，能够提高目标制定的严谨性，同时保证教学目标的科学性。

（2）明确教学目标的行为主体

教学目标的行为主体是学生，新课改以来，强调把课堂还给学生，那么在制定教学目标时，应该把学生当作目标的主人，从学生的角度出发，改变表述的方式，让人们一看就知道其目标所针对的对象是学生，明确教学目标的指向性。

（3）恰当地使用行为动词

行为动词用于描述行为主体形成的具体行为，在使用行为动词的时候，应该思考行为动词所表达的不同层次以及教师对不同内容的教学要求，以及学生对知识的掌握情况。在教学目标的制定过程中，恰当地使用行为动词，能够提高教学目标的可操作性、可测量性和可观察性。

（4）说明表现结果可能产生的情形

表现结果可能产生的情形，即教师对教学的愿望，实际上就是期待学生达到的效果。在制定教学目标时，主要从两个方面对结果产生的情形进行说明。一是对影响结果产生的条件或者界限进行说明；二是对教学行为所达到的程度进行说明。在教学目标的实际制定过程中，由于学生之间的差异性较大，那么在教学结果的描述中也可以使用一些表示教学程度差异性的词语。因此可以看出，教学目标是以教学结果为底线而制定的。

教学目标的制定是保证教学过程科学性和有效性的依据，应该引起教育工作者的重视。制定体育教学目标时，要认真地对体育教学相关的因素进行分析和考察，并借鉴成功的教学目标制定的过程和方法，严格按照教学目标制定的依据，保证教学目标的科学性，便于目标的实现和教学质量的提高。

第二节　高校体育教学原则

体育教学原则就是体育教学过程中应该遵循的基本要求，是体育教学工作者在原计划的基础上对工作进行拓展和变更时所规定的界限，也是保证体育教学规范性的准则。体育课程本身就是一个实践性较强的课程，再加上涉及的领域广和内容多样，如果没有体育教学的原则作为约束，就无法保证体育教学过程的规范性。我们所开展的体育课是不是属于体育教学，也必须有一定的规则和标准作为限制，这个规则和标准就是体育教学的原则。

一、体育教学原则概述

体育教学原则是每一位体育教学工作者都应该坚持和了解的基本内容，也是体育教学中的重要组成部分，在教师的教学工作之中发挥着非常重要的作用。研究体育教学原则可以为体育教学提供更好的服务。

任何一门学科都拥有教学原则，这是保证教学过程规范化和教学方向科学化的基础，体育教学原则在教学过程中发挥着关键作用。

体育教学原则是实施体育教学最基本的要求，是保证体育教学过程不脱离体育教学目标的最基本因素。在进行教学内容和教学方法的选择时，体育教学方法也受到体育教学原则的约束，因此，它也是保证体育教学方法和教学内容科学性和实用性的基础。

二、体育教学原则的含义

体育教学原则是根据体育教学的特点以及体育教学大纲的目标要求而编写的。体育教学原则有以下三个方面的含义。

（一）体育教学原则是体育教学的规范

体育教学原则是体育教学的规范，是体育教学过程中各种教学行为改变的底线，体育教学的相关方法和目标都是在体育教学原则的基础上不断优化和加强的。因此，体育教学原则是体育教学所有要求中最基本的内容。

（二）体育教学原则保证体育教学的科学性

体育教学原则的制定是根据体育教学的特点和体育教学中的相关要求制定的，来源于体育教学，又对体育教学起到约束作用。因此，体育教学原则中的要求能够保证体育教学过程不脱离教学实际，有利于教学目标的实现。

（三）体育教学原则保证体育教学内容的合理性

体育教学原则是保证体育教学内容合理性的基础，因为在进行教学内容的选择时，对所选择的内容应该按照体育教学原则的要求进行筛选和检查，如果不符合体育教学原则的要求，那么就应该予以删除。

三、体育教学原则的形成

通过前面关于体育教学原则概念以及含义的了解，我们已经了解体育教学原则在体育教学中的重要作用，探究体育教学原则的形成过程，更有利于体育教学的规范化。

（一）体育教学原则是体育教学实践经验的概括和总结

自从体育教学成为学校教育的组成部分之后，体育教学工作者们一直致力于探索"如何更好地完成体育教学的目标"和"如何提高体育教学的质量"。为了保证体育教学的规范性，体育教学工作者在长期的体育教学实践中，对前人的体育教学经验和教学成就进行了总结和分析，探究出体育教学的规律要求。在长期的积累和不断的修正中，最终形成了体育教学的原则。

（二）体育教学原则是体育客观规律的反映

体育教学原则是体育教育工作者根据多年的教学经验和对体育教学历程的研究而制定的，所以体育教学原则是体育教学过程的客观反映。体育教学有着一些共同的规律，这些规律是客观存在的，不受任何环境和情况的干扰。在所有的体育教学中，人们也都是依据这些客观规律进行体育教学实践的。

（三）体育教学原则在不断发展和完善

由于体育教学原则是根据人们对体育教学规律的认知和教学特点制定的，所以说体育教学原则与人们的认知水平有着本质联系，是受人们认知水平制约的。随着人们对体育教学认知和实践的不断深入，以及社会的不断发展和进步，体育教学原则将会随着人们认知的提高不断发展和完善。因此，我们要跟随时代的脚步，与时俱进地对体育教学原则进行研究。

四、体育教学特点与体育教学原则的关系

通过前面的文字叙述，我们已经了解到：体育教学原则是根据体育教学特点制定的，因此，体育教学原则与体育教学特点必然存在非常密切的联系，研究它们之间的关系，将有助于人们对体育教学认知的不断深入。

（一）一般教学原则与体育教学原则

每个学科都有一般教学原则和属于该学科的特有教学原则。所谓的一般教学原则，是指在一般教学条件下的各门学科都应该遵守的基本教学原则，是各科教学原则的指导。对体育教学而言，体育教学原则是在一般教学原则的基础上制定的，但是由于体育教学与其他学科的教学存在明显的

差异，如实践性、开放性、互动性等，因此一般教学原则不能代替体育教学原则，而是在一般教学原则的基础上，根据体育教学的特点增加的。因此，体育教学原则包含一般教学原则。

目前世界上关于体育教学的一般教学原则的研究和结论各不相同，但是从关于一般教学原则的论述中可以看出，一般教学原则无外乎以下几点。

第一，教学的整体性和系统性原则：这是对教学过程连贯性的要求，也是教学的基础。

第二，理论联系实际原则：任何一门学科的教学都是为了社会的发展而存在的。

第三，促进师生共同发展原则：在教学这一大环境中，师生是教学的主体，也是教学的重要组成部分。

第四，因材施教原则：学生的发展具有个性化的特点，因此在进行教学的时候要考虑不同学生的特点。

第五，反馈调节原则：反馈是教学中的重要环节，只有不断反馈和调节才能保证教学过程的不断优化。

第六，不断优化原则：教学的最终目的就是不断提高教学的质量。

（二）体育教学特点

任何一种形式的教学，都离不开"教"和"学"两个方面的概念，都是在教师的指导下进行的一种有计划、有目的、有组织的教学活动。但是由于每种教学面对的内容和要求有所不同，所以每一种教学活动都有其自身的特点。与其他学科的教学活动相比而言，体育教学活动主要有以下教学特点。

1.教学活动主要是靠身体的运动进行

体育教学活动的根本目的就是让学生掌握一些体育知识和技能，由于体育教学强调的是教学活动的实践性，因此，体育教学中的技能主要是通过大量身体活动实现的。可见，注重身体的运动是体育教学活动的主要特点。

2.体育教学具有锻炼学生身体的目的性

体育教学的目的就是提高学生的身体素质，这是与其他学科教学目的最明显的区别，也是体育教学的功能之一。它能够通过一些有规律的活动和体育锻炼来提升学生的身体素质。

3.教学经常在相对自由的集体活动中展开

体育教学是围绕运动技能的传授展开的，而运动技能又是在相对开阔的空间和专门的体育环境中展开的。有的运动项目和活动还是以小组的形式进行，这就增加了体育活动的自由性。这种自由性不仅表现为小组之间的组合相对较为自由，还表现为学生在活动中的行动也比较自由。

4.教学组织更加复杂

同其他学科教学最大的区别就是，体育教学注重学生的实践性，而且教学场地一般脱离教室，在体育场馆或是其他室外条件下进行，教学环境较为开放，并且对教学场地的要求较高，有很多因素难以控制，使得教学的组织更加复杂。

对体育教学工作者而言，他们只有对体育教学的特点具有很深的认识，才能制定出合理的体育教学原则。笔者认为，体育教学工作者要能够准确把握体育教学的规律，联系教学实际，制定出科学的、符合教学实际的体育教学原则。

五、体育教学原则的作用

通过前面的介绍，我们已经知道体育教学原则在体育教学中具有非常重要的地位，除此之外，体育教学工作者还应该清楚体育教学原则是如何在体育教学中发挥作用的，发挥怎样的作用。笔者通过自身的教学经验和分析研究，将体育教学原则的作用总结如下。

（一）使体育教学要求更加明确

体育教学原则是体育教学工作的基本要求和教学规律的具体体现。通过体育教学原则制定的教学要求更加具有科学性、准确性和生动性，而且利于学生接受，因此，体育教学原则更加明确了体育教学的要求。在体育教学开展的过程中，相关教育单位或者体育教学小组可以针对体育教学原则的内容对体育教师提出具体的要求。从某种程度上说，体育教学原则是对体育教师提出的最基本的要求，是教学过程中必须遵守的。

（二）梳理教师进行教学的思路

体育教学是一个复杂的教学过程，涉及的内容有很多，如根据教学目标进行教学内容的选择和安排、对教学方法的选择和运用、对学生兴趣的培养和管理、对教学条件的准备和优化、对课堂的设定和计划、对学生的研究和方案的制定等，这些因素会为教学增加很大的难度。但是如果教师按照体育教学原则进行，那么教学工作就是正确的、科学的，教学质量就能得到基本保障。所以，教学原则帮助教师梳理了教学思路，保证了教学的科学性。

（三）作为观察体育教学的视角

由于体育教学原则反映的是体育教学的基本要求，所以说在教学的过程中只有遵循体育教学原则才能满足体育教学要求，这样才会呈现出合理的外部特征和表现。反之，如果不遵循体育教学原则，就不能保证教学目标的顺利实现和教学过程的科学性。所以，在教学过程中，可以以体育教学原则为视角观察教学的外部特征和教学表现，从而判断体育教学实施过程的合理性。

（四）作为评价体育教学效果的标准

任何一种对教学的评价都有可能出现主观依附性，进而对教学效果产生干扰，影响体育教学评价的科学性。但是如果我们以体育教学原则为参考进行评价，不仅能统一体育教学评价的标准，还可以保证体育教学评价的科学性。

六、体育教学原则的因素与要求

事实上，体育教学原则的构成具有复杂性，无论是一般教学原则还是体育教学原则，都是由很多具体的原则构成的，所以教学原则作用的发挥也并不是由一个简单的原则促成的。之所以会对体育教学原则进行整合和归纳，将几个甚至十几个原则捆绑在一起，是因为体育教学涉及的因素很多，如果不对原则进行细分，那么就会使体育教学原则归纳起来比较复杂，也不利于对教学过程的掌握。笔者通过对体育教学原则的研究和分析，认为体育教学原则一般符合以下五大因素和要求。

（一）政治因素与要求

政治因素与要求是由国家教育部门根据当今的政治特点和需求确定的，这种政治因素与要求是教学的基本要求，也是教学应该遵循的基本原则。政治因素与要求是国家总的教育方针和政策，任何一项体育活动的实践都必须在这个范围内进行，如果脱离了这一限制，教学就会朝着偏离目标的方向进行，不利于教学质量的提高。

（二）学科体系因素与要求

虽然体育教学与其他学科相比，有着非常明显的区别，但是每一个学科的教学都应该遵守学科的一般要求，这是教学实施的前提和基本要求。如果在教学的过程中不遵守学科体系因素与要求，那么教学就会失去科学性和合理性，朝着错误的方向进行，同时还可能造成教学步骤混乱、教学失去重点、难以达成目标等，如有序性原则、结构性原则、科学性和思想性相统一的原则，都是在学科体系因素与要求上确立起来的。

（三）学生发展因素与要求

学生是学科教学活动中的重要组成部分，是教育活动的承受者和教学效果的表现者，也是教学过程合理性与否的体现者。由于学生的生长环境和心智上存在差异，因此在教学过程中应该对学生进行研究和分析，掌握每一个学生的特点，以便于针对性教学的实施，保证教学的质量，如启发创造性原则、因材施教原则、启发诱导原则、动机原则、积极主动性原则等。

（四）教学法理因素与要求

教学法理因素与要求是根据学生在教学中的接受能力和教学内容的特点以及学生的心理发展特点和教学方法特点制定的，坚持这样的教学原则能够保证学生学习的合理性和科学性，有利于学生对学科知识的接受和掌握，促进教学质量的提高，如理论联系实际原则、直观性原则、巩固性原则、循序渐进原则、系统性原则、反馈原则等。

（五）教学工作因素与要求

教学工作是教学的中心环节，也是教学最重要的环节。教学工作是教学实施的过程，教学工作中涉及教学形式、教学方法、教学条件和教学过程等因素，其中每一个因素都有其基本的要求，只有在教学过程中认识到这几个因素的重要作用，才能保证教学的准确性和合理性，如教学整体性原则、教学形式最优化原则、教学方法优化原则、教学条件优化原则、教学过程优化原则等。

在进行体育教学时，必须建立一个内容完整、词义准确、指导性强、便于记忆的教学原则体系，这样才能发挥整个教学原则对教学活动各个环节的指导作用，促进体育教学实现最优化。

二、我国体育教学原则的发展方向

体育教学原则随着时代的发展和人们意识的不断提高而呈动态变化。笔者通过对历年来体育教学原则和体育教学特点的研究，将体育教学原则的未来发展方向总结为以下几点。

（一）人文精神在体育教学原则的研究中将得到改观

人文精神在体育教学原则的研究中将得到改观，这一观点的形成，主要是由于以下教学方向和观点的变化引起的。第一，更加重视和突出教学主体性发展的问题的研究。这种研究主要是从学生学习的积极性和主动性入手，保证教学能够不断激发学生的主观能动性，提升学生的学习兴趣，提高学生的学习动力。这需要体育教师在教学的过程中注重对学生自主活动、师生之间的平等交往等问题的研究，其最终目的就是培养学生对体育课程学习的兴趣。第二，更加注重体育教学的审美性、情感性和艺术性。因为体育教学的目的就是提升学生的身体素质，所谓的身体素质既包括身体的健康也包括心理的健康，总之就是促进学生德、智、体、美的全面发展，因此，在对学生进行体育教学的过程中，要注重对学生的情感、审美和艺术方面的教育。

（二）重视学生整体素质的全面发展

随着素质教育在我国的全面普及，注重学生整体素质的培养已经成为当今时代教育的主题。学校体育教学事业为了适应体育教学改革的标准，在教学内容上突破以知识为主的教学原则体系框架，注重对学生体育知识的引导和学生个人品质的培养，以促进学生全面发展为宗旨，这已经成为体育教学研究和教学发展的一种趋势。为了满足当前我国素质教育的需求，学校体育教学事业还提出了身心全面发展的原则和多元化评价的原则等。这些将促进学生全面发展的教学原则的确立，主要是为了适应时代的发展对体育教学的需要，培养时代所需的专业人才。

（三）重视教与学的统一

前面我们已经提到，体育教学的原则是随着人们意识的发展和时代的变化而不断变化的。随着体育教学发展的不断完善和人们对体育教学认识的不断深入，人们逐渐认识到传统体育教学原则存在的片面性。在传统体育教学过程中，受传统教学思想的影响，教学重教轻学，使得传统教学原则的提出也多局限于对教师"教"的规定，但并未对学生的"学"做详细的探讨。但是体育教学的目的是实现学生身心素质的全面发展，因此，制定教学原则的时候，应该明确为学而教的思想，注重教与学两者的统一。

（四）构建全新的现代化体育教学原则体系

教学原则体系需要随着时代的变化和人们意识的提高而不断完善，为了保证体育教学的质量，急需构建一套全新的现代化的体育教学体系，这不仅是体育教学原则研究的根本目的，也是体育教学工作者为了响应时代的发展迫切需要解决的问题。在构建符合现代教学需求的体育教学原则体系的时候，在前人总结的教学经验的基础上进行，还要保证教学原则具有一定的概括性，同时也要具备教学的个性，在提高学生的素质、发展学生的个性、反映教学规律、达到教学目的等方面同时下功夫，从而构建一个完整的、全面的、具有时代意义的体育教学原则体系。

三、当前我国基本的体育教学原则

体育教学原则在体育教学过程中具有非常重要的指导意义，下面的内容主要以体现体育教学的活动特点和增强体育教学原则的指导意义为侧重点，并结合当前中国体育教学课程和教学改革的实际需要以及国情，对我国当前基本体育教学原则进行分析和总结，旨在为体育教学工作者和教学研究者提供更多理论方面的知识参考。

（一）合理安排身体活动量的原则

合理安排身体活动量是保证体育教学科学性的前提和基础，是素质教育对体育教学的基本要求。如果体育教学的运动量较小，就无法满足学生的身体发展需求，如果运动量过大，就会对学生的身体造成损害。

1.合理安排身体活动量原则的含义和依据

合理安排身体活动量的原则，是指在教学过程中必须体现体育教学的本质特点——身体的活动性，而且要根据学生的身体状况和运动特点，保证学生接受的活动量在肌体承受能力之内，同时又能够满足学生掌握体育知识和技能的需求，以及身体发展的需要。

合理安排身体活动量的教学原则是根据体育教学的特点，以及学生在身体锻炼过程中所承受的运动负荷的规律而提出的。

科学的身体运动是学生锻炼身体和掌握基本运动技能的过程，也是保证体育教学目标实现的过程，因此在体育教学过程中要保证学生肌体所承受运动量的合理性。

2.贯彻合理安排身体活动量的基本要求

前面我们已经介绍了在进行体育教学的时候需要坚持合理安排身体活动量的原则，笔者根据对体育教学原则的分析和体育教学中相关因素特点的研究，得出了贯彻合理安排身体活动量这一原则的基本要求。

（1）活动量的安排要服从体育教学的目标

在教学过程中，教师合理安排体育教学的活动量，实际上就是为了保证教学活动的科学性。因为合理运动量的安排能最大限度地发挥体育教学的优势，促进教学目标的实现。如果某位教师在对学生进行身体训练的时候，运动量超过了学生的身体承受能力，则会对学生的身体造成损害，无法保证促进学生身心健康这一教学目标的实现。

（2）活动量的安排要符合学生的身体发展状况和身体发展需要

身体运动量的科学性能促进学生身体素质的提高，降低现代生活中一些不利因素对学生造成身体方面的影响。教师要科学地安排学生的活动量，首先应该对学生的身体发展状况进行研究，明确学生身体发展的需要，这样才能保证活动量的合理性。

（3）要通过科学的教程、教材和教法的设计合理安排身体活动量

体育教学运动具有复杂性的特点，运动项目多种多样，有的运动量大，有的运动量小，呈现出不平衡的趋势。因此在教学设计的过程中要考虑学生的运动量问题，以此进行教程、教材和教法的设计。

教学的过程是实现体育教学目标的过程，由于教学各个阶段的教学任务和教学内容不同，因此在教学过程中还要根据不同阶段的教学内容以及教学内容的特点合理安排运动量。

教法是教学呈现，也是调节运动量的根本手段，因此在教学过程中，

要跟随体育教学活动的情况随时调整运动量和运动强度，以保证运动量的合理性。

（4）因人而异地考虑运动量

学生是教学活动的主体，因此要保证教学过程中运动量控制的合理性，应该以学生为重点，根据学生的身体特点因材施教地安排运动量，调整运动量的大小，在达到体育教学对学生整体要求的水平上，根据学生的身体强弱进行运动量的控制。

（5）逐步提高学生控制运动量的能力

在体育教学过程中，除了要促进学生运动技能的提高，提高学生对相关运动知识和要求的掌握外，还要教导学生一些判断运动量和调整运动量的方法和技巧，帮助他们合理地控制运动量，从而逐步学会锻炼身体。

（二）注重体验运动乐趣的原则

运动乐趣是培养学生学习兴趣的基础和前提，是保证学生在学习过程中主观能动性发挥的基本条件，也是促进体育教学目标实现的基本保障。如果学生在体育教学过程中体会不到运动的乐趣，那么他们就会失去对体育学习的兴趣，不利于教学活动的开展。

1.注重体验运动乐趣原则的含义

注重体验运动乐趣的原则是指在体育教学过程中，在传授学生体育相关知识和技能的同时，让学生感受到体育学习的乐趣，这样能使学生喜爱体育运动，并积极参加体育教学活动。

注重体验运动的乐趣，是根据体育教学的特点和学生在体育运动中情感的变化提出的，体验运动乐趣是人参与体育运动和体育比赛的重要目的。随着科学技术的不断更新，人们生活的节奏也日益加快，这些快节奏的生活方式给人们的健康带来了不利的影响，人们急需通过体育锻炼维持自己的身心健康，所以，体育运动逐渐成为人们生活的一部分。

让学生体验体育运动的乐趣，同时也是促进体育教学质量提高的手段，因为体育教学侧重的是学生的学习活动，学生只有在体验到体育运动乐趣的时候，才会提高对体育运动的兴趣。有了兴趣，他们学习的主动性和积极性才能被充分调动，体育教师才能不断提高体育教学的质量。

2. 贯彻体验运动乐趣原则的基本要求

在体育教学的过程中，贯彻体验运动乐趣原则的基本要求有以下几点。

（1）正确理解和对待体育运动中的乐趣

每项体育运动项目都有其固有的运动乐趣，这些乐趣来源于这些体育运动项目的特征，体育教师要想充分地挖掘和利用运动中的乐趣，促进教学目标的实现，首先应该正确地理解和对待它们，既不能无视它们的存在，也不能盲目地挖掘，而要从体育教学目标、运动的特点、学生的情感倾向等方面深刻地理解体育教学运动中的乐趣。

（2）注重从学生的立场理解教材

教师和学生是体育教学中的两大主体，是教学活动的重要组成部分。教师是教学活动的教授者，学生是教学活动的接受者。两者的立场不同，因此理解教材的角度就有所不同。教师往往从教学过程和教学目的两个方面理解教材，学生往往从乐趣和挑战两个方面理解教材。再加上学生是教学活动的参与者，是教学方法的受用者，也是教学目标的体现者，因此，应该注重从学生的立场理解体育运动中的乐趣。

（3）让每一个学生都能不断获得成功的体验

体育与其他学科的根本教学目标一致，就是提高学生的知识和技能，促使学生不断成长。但是与其他学科教学不同的是，体育教学是一个与学生的身体条件密切相关的教学活动。但是，每一个学生受到遗传因素的影响，在身高、体重和运动技能等方面有所区别。如果开展集体的训练活动，那么一些身体条件较弱的学生很容易在学习的过程中体验到差距。所以，为了保证学生在学习过程中的平等性，就必须通过各种教学的加工和教学方法的优化，让学生不断体验成功的乐趣，提高学生的自信心。

（4）处理好运动乐趣与运动技能之间的关系

前面我们已经介绍，要让学生在运动的过程中体验到成功的乐趣，但是体育教学的目标是提升学生的运动技能，因此在教学的过程中要保证两者之间的统一。体育教学中有些内容具有趣味性和技能性，但是有的运动技能性偏重。只有技能性和趣味性两者相统一，才能促进教学目标的实现。因此，在教学过程中，要将趣味性和技能性较强的活动作为教学的重点，同时也要挖掘技能性偏重活动中潜藏的趣味性，提高教学质量。

（5）开发多种有利于学生体验乐趣的教学方法

在教学过程中，教师除了要重视体育知识的传授之外，还要善于采用多样化的教学方法帮助学生体验运动的乐趣。如在教学过程中，可以通过运动项目的特点，灵活地使用游戏法、比赛法、领会教学法等，让学生充分地、平等地体验到体育的乐趣，进而促进学生对体育学习兴趣的建立。

（6）体验乐趣不忘磨炼学生的意志

体育教学的目的是促进学生全面发展，因此在教学的过程中不能忽视磨炼学生的意志，更不能一味地迁就学生的兴趣，要让学生在体验乐趣的同时得到磨炼。

（三）促进技能不断提高的原则

体育教学的目的是促进学生技能的提高，因此在教学的过程中要注重促进学生技能不断提高的教学原则，保证教学目的的实现，提高教学质量。

1. 促进技能不断提高原则的含义

促进技能不断提高的原则是指，在教学过程中教师要通过各种教学方法的运用，不断提高学生的运动技能，提高学生的运动成绩，从而提高体育教学质量。

促进体育教学技能不断提高的原则是由体育教学的目标、社会的需求和肌体发展的需求三个因素决定的，同时也是实现体育教学终身化的基本前提和条件。

掌握体育教学的运动技能，是通过体育教学提升学生的运动能力、发展学生的运动素质、提升学生运动技能的有效途径，也是让学生体验运动的乐趣、提升体育教学质量的前提，更是判断体育教学目标是否完成、检测教师教学能力高低的标准。

2. 贯彻促进运动技能不断提高原则的基本要求

促进学生运动技能的不断提高，是体育教学目标的重要组成部分，也是体育教学的意义所在。在制定这一教学原则的时候，应该做到以下几点。

（1）正确认识运动技能在体育学习中的重要意义

掌握运动技能是教师教学和学生学习的目的。掌握运动技能可以锻炼学生的身体，提升学生的运动素质，促进教学质量的提高。因此，教师在教学过程中，要注重提高学生的运动技能。

（2）明确运动技能学习的目的，有层次地掌握运动技能

体育教学要求学生掌握运动技能，就是为了丰富学生的学习生活，提

高学生的身体素质，保证学生的健康成长。因此，在教学过程中，开展以运动技能的提高为目的的教学时，要树立"健康第一"和"终身体育"的思想。根据教学任务将体育教学目标进行分阶段的划分，有层次和分门别类地让学生掌握体育教学大纲所要求的运动技能。

（3）要钻研"学理"和"教学"，提高教学质量

要想提高教学质量，首先应该做到知己知彼。因此，要让学生很好地掌握体育运动技能，就必须详细地掌握运动技能的规律，特别是教学环境中的各种运动技能的特点和发展规律。因为体育教学是一门较为复杂的学科，并且教学的时间相对有限，为了保证体育教学的效率，我们必须研究体育教学技能提高的途径和规律。

（4）要创造提高运动技能的环境和条件

任何一种技能的学习都会受到环境和条件的影响，只有在环境和条件相适宜的情况下，才能最大限度地发挥教学的效果。影响这种环境和条件的因素，包括教师自身的运动技能和水平、教学场地和器材的优化，还包括体育教师对学生学习氛围的营造。

（四）提高运动认知、传承运动文化原则

提高运动认知原则能够促进学生体育相关知识和技能的形成，传承运动文化原则能够增强学生的责任感，从而激发学生对体育教学的兴趣，促进学生对体育技能的掌握。

1.提高运动认知、传承运动文化原则的含义

提高运动认知、传承运动文化，就是在进行体育教学时，通过对学生体育知识和技能的培养，增加学生对体育运动的认识，加深学生对体育运动文化的理解，便于学生对体育文化的接收和传承。

体育运动是通过各种运动体验而形成的一种特殊的运动方式，而且就目前运动在人们生活中的价值和社会发展的趋势可以看出，人们对运动认知能力的提高，不仅有利于身心健康，还有利于运动文化的传承和发展。

每一门学科都有其重要的作用，体育教学的作用之一就是提高学生的运动认知能力，促进学生身心健康的全面发展。因此在开展体育教学的过程中，要坚持提高运动认知、传承运动文化的原则。

2. 贯彻提高运动认知、传承运动文化原则的基本要求

在体育教学中，贯彻提高运动认知、传承运动文化原则的基本要求有以下几点。

（1）重视体育教学中的认知因素

重视体育教学中的认知因素，就是要在教学过程中，注重学生对运动技能的掌握和对体育运动文化的理解。加强学生对运动技能的认知有利于他们在今后的终身体育学习中对运动技能的运用，并将体育运动很好地融入生活之中。

（2）注重培养运动表象和再造想象

运动表象和再造想象是学生掌握技能的基础，学生头脑中关于运动表象和再造想象储备的知识越多，对运动技能的接受和掌握就会越迅速和高效。因此教师在体育技能教学的过程中，要不断地向学生演示运动的具体动作，并督促学生模仿练习，从而使动作得以巩固和熟练。

（3）注意开发有助于学生认知的教学方法和手段

方法和手段是实现教学目标的基础。体育教学是一种较为宽泛的教学，在体育教学过程中，要提升学生的运动认知和技能，就必须采取正确的教学方法和手段。在教学方法的选择上，要注重创新方法和层层深入方法的

开发；在教学手段层面，要重视对娱乐性较强的教学手段的开发，从而帮助学生提高运动知识和技能的掌握。

（五）在集体活动中进行集体教育原则

体育教学侧重集体性，有些活动强调以小组为单位，这有利于在活动进行过程中提高学生的团结意识，提升学生的集体荣誉感。这也是体育教学的目的之一。因此，在集体活动中要注重集体教育原则。

1.在集体活动中进行集体教育原则的含义

在集体活动中进行集体教育原则是指，在学生进行集体性的学习活动时，要注重对集体荣誉感和团结性等集体活动特性的培养，增强集体的凝聚力，使学生形成正确的集体意识，养成良好的集体行为习惯。

在集体活动中进行集体教育原则依赖于组成集体的特点、集体活动的规律、集体运动的发展等。

体育教学活动主要以协同、竞争、表现为特点，这些特点主要是在集体活动形式中得到体现。再加上体育教学侧重于室外教学，受到场地、教学活动范围和教学方式的影响，体育室外教学的开展一般以小组为单位，这使得体育教学具有集体性，因此在教学过程中要注重对学生进行集体教育的原则。

2.贯彻在集体活动中进行集体教育原则的基本要求

（1）分析、研究和挖掘体育教学中的集体要素

从体育教学的特点可以看出，体育教学中有很多集体性的要素，因此在进行体育教学的过程中，要注重分析、挖掘具有集体含义的要素，如团队的意识、共同的目标、互帮互助的活动形式等。教师在进行集体教学的过程中，将这些要素有目的、有意识地融入学生的集体活动和体育学习之

中，以便促进对学生团结意识和集体荣誉感的培养。

（2）善于设立集体运动的场景

在体育教学过程中衡量教学活动是否具有集体性的依据是：检测集体是否具有共同目标、是否具有共同的学习平台，因为共同的目标和学习平台是集体运动的重要组成部分。共同的学习目标是每个学生学习的动机和欲望；共同的学习平台是学习的场所和环境，能够体现集体的存在感。这两个要素能够让学生更好地凝聚在一起，互帮互助完成共同的目标。因此教师要贯彻教学中的集体教育原则，就应该善于设立集体运动的场景，如打篮球、拔河比赛等。

（3）善于开发有助于集体学习的方法

要合理贯彻集体活动中进行集体教育原则的手段，就必须建立有助于集体学习的方法，这是促进教学目标实现的重要方法。如组织学生进行课堂讨论、分组进行某种运动技能的比赛等，这些教学方法将为体育教学中贯彻集体教育原则提供技术上的保证。

（六）安全运动与安全教育的原则

安全运动与安全教育的原则是体育教学的根本要求，因为开展体育教学的目的就是提高学生的身心健康水平，如果脱离了安全这一宗旨，任何一种教学活动都不能称为科学有效的教学方式。

1. 安全运动与安全教育原则的含义

安全运动与安全教育原则是指在教学过程中保证安全教育的同时，对学生进行安全意识的培养和教育。

安全运动与安全教育的原则是依据"体育运动中的特点"和"加强学生体育教学的目的"两方面确定的。众所周知，体育运动是以剧烈的身体活动、野外活动、集体活动、器械运动等一系列身体上的运动组成的，因此体育运动是一种危险系数较高的活动。初学者或是体质较弱的学生在学习某类活动的时候风险较高，但是这种风险是相对的，是可以避免的。因此在体育教学之前，要进行严格的设计，以保证教学的安全性。

2. 贯彻安全运动与安全教育原则的基本要求

（1）教师必须周到地预想所有存在安全隐患的因素

从长期的教学经验可以看出，体育教学中很多存在安全隐患的因素都是可以预测的，如因学生的身体差异产生的因素、器械的损害产生的因素、场地不合理产生的因素、天气产生的因素等。在进行教学之前，教师只有根据这些因素进行合理的规划，才保证教学的安全。

（2）时刻对学生进行安全运动教育

要在教学过程中贯彻安全运动与安全教育，就需要对广大的学生普及安全教育知识，让学生在学习的过程中时刻坚持安全第一的原则，这样才能将安全意识落到实处。

（3）建立运动中的安全制度和安全设备的管理

制度是约束学生行为的一种较有权威性的指标，建立运动中的安全制度，能够让学生在教学的过程中自觉遵守安全行为规定，限制危险运动或行为；设备是体育教学中不可缺少的条件之一，也是危险的存在载体之一，因此要在教学过程中重视对设备安全的管理。

第三章　高校体育教学方法

第一节　体育教学方法的基本理论

在体育教学过程中，教师选择的体育教学方法对学生学习兴趣的激发、体育教学目标的完成、体育教学的实际效果等均产生重要影响，所以发展和改革体育教学方法尤为重要。本节从体育教学方法基本理论、体育教学方法的选择与应用、高校体育教学方法的发展与改革三个方面进行解析，进而对体育教学方法进行多维度、深层次的阐述。

一、体育教学方法的含义

体育教学方法具体是指在体育教学过程中，为了达到体育教学目标和实现体育教学目的而由师生所采用的可操作性的教学方式、途径和手段的总称。

（一）体育教学方法是"教"与"学"的统一

体育教学方法是教与学的统一，只有师生之间实现有效的双边互动，才能更好地发挥体育教学方法的价值与作用。体育教学活动可以简单理解为"教师的教"和"学生的学"两个层次的内容，教师和学生是教学活动的主体。体育教学方法和手段都是针对学生来选择与运用的，教师和学生之间具有密切的关系，在师生的双边互动中，体育教学的任务和目的逐步实现。因此，教和学两方面的内容贯穿体育教学方法实施的始终。

教学方法是在师生互动中得到贯彻与实施的，体育教学的方法也是师生之间行为动作总和的体系。体育教学的方法与其他科目教学方法的主要区别在于，体育教学方法在注重教学语言要素的同时，更加注重动作要素。在体育教学过程中，各种动作的掌握和熟练都需要教师进行示范、讲解以及纠正，并在此基础上，学生重复进行练习，才能最终掌握相应的技术动作。因此，体育教学方法是教师和学生的动作和行为的总和。

（二）体育教学方法与教学目标不可分割

任何一种体育教学方法都具有一定的目标性，如果脱离了目标，那么体育教学的方法也就失去了其存在的意义。体育教学方法应与体育教学目的保持密切的联系，教学方法的实施应能够促进体育教学目标和任务的实现。因此，体育教学方法作为体育教学的重要组成部分，其服务于体育教学的目标和任务。体育教学方法和体育教学目标之间具有一定的不可分割性，如果将两者割裂开来，那么体育教学方法没有明确的方向，会表现出一定的盲目性；而体育教学目标和任务如果脱离了体育教学方法，则不能得到有效实现。

（三）体育教学方法具有多元化功能

现代体育教学不仅注重学生动作和技术的掌握以及各方面身体素质的提高，它更加注重学生的全面发展。因此，体育教学方法具有多元化功能，其不仅能够在一定程度上促进学生运动能力的增强，还能够促进学生思想道德品质、心理素质等方面的发展，对学生的全面发展具有重要的促进作用。

二、体育教学方法的分类

在现阶段，对教学方法依然没有统一的划分标准和依据，一般将体育教学方法划分为教法类、学法类以及练法类三种类型。

（一）教法类

1. 知识技能教法

（1）基本知识的教法

基本知识的教学包括体育保健类知识以及体育的相关理论等的教学。体育基本知识的教学方法同其他学科的教学方法类似，这类教学方法进行分类时也较为复杂，根据不同的分类依据可将其分为不同的类别。

在体育教学过程中，教师在选择相应的体育教学方法时，要注意教学的情境活动和它多功能作用的发挥，要将体育教学的基本知识与体育活动的具体实践密切结合起来，教学方法要具体可操作。

（2）体育技能的教法

体育技术技能的教学方法即为一般意义上的运动教学方法，这是体育教学方法中与其他学科的教学方法有很大差异的部分。在采用相应的体育教学方法时，应首先确定体育教学的目的。教师应明确教学的目的是使学生掌握运动技术技能，还是发展学生身体或是要达到其他什么目的。应对体育教学的内容进行分析和处理，运用相应的动作教学方法来实现相应的教学任务。体育教学的目的以及体育教学的内容不同时，活动的方式也会有很大区别，这时就需要采用不同的动作方法和策略。因此，体育技术技能教学方法具有灵活多变的特点，应根据具体的教学情况随机应变。

2. 思想教育法

思想教育法是对学生进行思想品德教育和美育的方法，这也是体育教学的重要任务之一。在开展相应的思想教育时，应结合体育教学的特点采用相应的教学方法，确保教学能够收到很好的效果。体育教学方法的运用要能够促进学生顽强拼搏的意志品质的形成，培养其团队协作的意识，要促进学生个性意识的发展，并促使其形成正确的价值观念和审美观，培养其探索性和创造性思维。

（二）学法类

学法类即为指导学生进行学习的方法，这也是体育教学的重要方面。在进行体育教学时，指导学生进行学习的方法应注重以下两个方面内容。应确保学生能够较好地掌握前人积累和总结的知识和经验，在继承的基础上求得发展；学生应将相应的知识和经验与自身的个性特点相结合，从而最终形成终身体育意识与拥有相应的能力。从整体分析，学法类的教学方法应使学生不仅能够掌握相应的知识和技能，还要使其愿学、会学，并且在以后的工作和生活中能够对所学的知识进行运用，使其养成良好的体育锻炼习惯。

（三）练法类

指导学生锻炼的方法是体育教学里最具本质特征的方法。练法类教学方法对学生的身体素质以及各项运动技能的发展具有直接的作用和效果，在教学过程中，学生应能够理解和感受身体运动时的各项体验。在教学过程中，具有众多的身体锻炼的方法，其效果也是因人而异。

学生的学练法可划分为三个阶段，具体内容如下。

1.第一阶段

第一阶段为建立动作技术的直观表象阶段，通过听、看、思、记等手段来实现相应的学习，具体方法有观察法、聆听法、探究法、形象思维法、归纳思维法、有意记忆法、理解记忆法、联想记忆法。

2. 第二阶段

第二阶段为运动技术的实施和矫正阶段，具体方法有模仿练习法、分解练习法、完整练习法、表象练习法、重复练习法、变换练习法、间隙练习法、游戏练习法、循环练习法等。

3. 第三阶段

第三阶段为动作技能的巩固和提高阶段，具体方法有强化练习法、提高难度练习法、比赛练习法等。

除此之外，在教学过程中，各种教学方法既可以单独使用，也可以进行有效的整合，从而形成一定的方法体系来运用。在教学过程中应使学生明确各种练法的作用和意义，并把握不同练法之间的联系，从而能够自如运用。

三、体育教学方法的特征

（一）多种感官集体参与性

体育教学活动是感知、思维和练习三者的结合，因此，其教学活动也需要多种感官参与其中，这样才能够保证各项动作的顺利完成。体育教学活动的特殊性要求在体育教学过程中，所有参与者都需要动员身体的各种器官。具体而言，教师需要为学生进行相应的动作示范，并且对学生的动作进行必要的指导和纠正；学生则需要进行必要的准备活动，然后进行相应的动作练习。在学习过程中，参与者的眼睛、耳朵以及触觉和动觉等感受器官对运动的方向、用力的大小和动作的幅度等方面进行感知，学生通过自身和他人信息反馈控制身体完成正确的动作，形成正确的动作定式。鉴于体育教学活动的上述特点，在进行体育教学活动时，教师应运用多种方法，有效调动学生的各种器官参与教学活动，以使学生更好地掌握相应的活动。具体而言，在体育教学活动中应引导学生进行认真学习，积极进行思考，注重动作技术的调节控制，并大量进行重复练习。对学生而言，正确的体育教学方法能够最大限度地调动多个身体器官参与活动，从而帮助其掌握各种动作，实现学习目标。

（二）感知、思维和练习有机结合性

在体育教学过程中，学生的学习是一个复杂的认知过程，在这一过程中学生需要动用思维、感知、记忆和想象，并结合具体的身体练习最终实现动作的掌握。体育教学方法也是感知、思维和练习相结合的过程，在结合过程中，学生需要通过自身的信息接收器官将外界信息传送至大脑皮层，并运用大脑对各种信息进行整理、分析和加工，然后大脑指挥人体的各器官完成相应的动作；通过动作的不断重复，使得学生建立起相应的动力定型，实现动作的自动化，同时掌握相应的动作技术。在这个学习过程中，信息的感知是动作学习的基础，思维活动则是学习过程的核心，而练习是动作技术掌握的重要手段。体育教学方法的实施过程是认识与实践、心理与身体相结合的过程，是感知、思维和练习三者的有机结合。

（三）实践操作性

体育教学方法与一般的教学方法相比，最大的特点是实践操作性。体育教学方法必须与体育教学实践紧密相连，当然有些方法是室内学科教学方法的借用，如直观教学法、讲解法等，但这些方法必须根据室外体育教学的特点、环境、学生的队列等情况加以调整，否则就不能适应体育教学。

体育教学的主要方式是身体运动，身体运动是学生对自身身体的运动感受，具有"此时此地"的特点，因此在选择与安排教学方法时，一定要根据体育教学自身操作活动的实践特点进行，而不仅仅是停留在理论层面上。只有结合实践操作的体育教学方法，才能让学生在掌握动作技术概念的基础上，通过身体实践活动达到掌握运动技能、促进心理发展的目的。体育教学方法必须得到体育教学实践的检验，才能判断其教学方法是否有效。

（四）时空功效性

体育教学可以划分为不同的阶段，在不同的阶段内，有着鲜明的阶段特点，师生之间相互产生一定的影响。在教学的开始阶段，教师处于主导地位，随着时间的推移，学生的主体地位逐渐增强。在教学过程中，教学方法和途径发挥了重要作用。在开始阶段，学生学习动机、兴趣、欲望等的激发，需要教师运用合理的方法；教师通过讲解、示范等方法来使学生理解和掌握相应的知识和技能；学生在学练过程中，通过一定的方法来感知、理解和掌握相关的知识。在体育教学的不同阶段，体育教学方法都发挥着应有的作用，这是体育教学方法的时空功效性特点。

（五）运动与休息合理交替性

在体育教学过程中，学生的大脑和身体通过一定的学习活动会产生相应的疲劳，造成学习效率下降。尤其是高强度的身体运动对学生的体能消耗较大，这时为了保证教学活动的正常进行，有必要安排相应的休息活动。在学习活动中，学生通过一定的认知、理解和记忆后，就会有相应的脑力消耗；通过进行相应的身体练习，则会使得人体的能量消耗加剧，人体相应的器官出现一些疲劳症状，并且随着运动负荷的增加，其会对学习活动产生一定的消极影响。体育教学方法注重运动与学习的结合，使学生的身体疲劳能够得到一定程度的恢复，保证其保持较高的学习效率。需要注意的是，这里的休息并不一定是指暂停相应的活动，也可能是一种积极性的休息——通过开展相应的轻松的活动，来实现身心的放松，帮助学生消除疲劳症状。安排休息时，应注重积极性休息和消极性休息的结合，使休息能够更好地达到预期的效果。

（六）继承发展性

体育教学的方法是在长期的体育教学实践过程中逐步发展起来的，经过多年的积累、发展和创新，逐渐形成了内容丰富的体育教学方法体系。很多教学方法具有鲜活的生命力，经过多年的发展依然在教学过程中发挥着巨大的作用。这些有效的教学方法值得人们对其进行总结、整理和借鉴。在教学实践过程中，在继承传统的经典教学方法的基础上，一些新的教学方法不断被提出，使得体育教学方法的体系不断完善。需要注意的是，尽管体育教学的方法众多，但不应过于迷信现代化的教学方法，更不能对一些国外的教学方法进行刻板的模仿。教育工作者应在扬弃的基础上发展创新，在时代发展的大环境下，在体育教学具体实际的基础上，对教学方法进行开拓创新。

四、体育教学方法的价值

（一）有利于推动体育教学任务的实现

在体育教学过程中，体育教师与学生双方互动的连接点是体育教学方法。科学有效的体育教学方法有利于密切联系体育教学活动中的两个重要主体（教师与学生），这一连接有利于体育教学目标与任务的实现。倘若没有实效性的科学体育教学方法，体育教学任务就难以实现。

（二）有利于良好教学氛围的营造

合理恰当的体育教学方法能够提高学生参与体育学习的积极性，促使其学习动机不断得到激发，同时也有利于良好教学氛围的营造。良好的教学氛围反过来又有利于感染学生，引导学生主动参与学习，从而促进一种良性循环的形成。良好的体育教学方法的科学运用，有助于提高学生对体育教师的信任度，从而乐意听从教师的引导而学好体育课程，这就使得体育教学过程的气氛变得十分融洽与和谐。

（三）有利于促进学生身心的全面发展

良好体育教学方法体现出一定的科学性特征，体育教师受科学思想的感染与熏陶而采用科学恰当的教学方法进行体育教学，这对学生的身心发展是极为有利的。相反，不具备科学性与不恰当的体育教学方法所产生的消极影响会对学生身心的发展造成阻碍。在体育教学活动中，实施体育教学方法的过程通常也是学生对体育运动技术进行体验与锻炼的过程。所以，教师不仅要向学生灌输体育方法论的知识，也要引导学生的训练实践，促进学生身心的全面健康发展。因为体育教学活动特殊作用的存在，科学的体育教学方法也有利于培养学生的丰富情感、锻炼学生的意志品质。因此，科学的体育教学方法能够积极影响学生身心的全面发展。

（四）有利于体育教学质量的提高

科学的体育教学方法能够通过对各种有利因素的充分利用来提高学生的学习兴趣与热情，引导学生充分发挥其主观能动作用，从而促进其学习效率的不断提高，最终促进体育教学质量的提高。

第二节　体育教学方法的选择与应用

一、体育教学方法的选择

（一）选择体育教学方法的依据

1.体育教学目标

体育教学目标的主要特征之一是多层次性，身体发展目标、技能发展目标、知识发展目标、社会发展目标和情感发展目标等是体育教学目标的不同层次。为了实现不同的教学目标，应采用不同的教学方法。在体育教学中教学目标并不是孤立的，它是多种目标的综合，而每一单元、每一堂课目标的侧重点是不同的。在教学过程中应根据具体的课堂教学目标选择重点发展某一方面的教学方法。课时教学目标是体育教学总目标的具体化，这一目标具有很强的指导性。它既有相应的运动技能和运动理论方面的知识，也有心理和品质品格方面的内容，针对这些不同的教学目标，应选择与之相匹配的教学方法。

2.体育教学内容

体育教学的内容与教学方法之间具有密切的关系，如对一些技术动作教学内容应采用主观的示范操作的方法，而对一些原理和知识结构方面的内容则应注重运用语言法进行讲解。不同性质的体育教学内容应采取相应的教学方法。每一种教学方法为实现一定的目标而运用在某一教材内容时，其效果也会表现出一定的差异性。在体育教学过程中应注重教学方法的灵活性。

3.体育教学环境

教学环境对教学方法的选择产生重要的影响。教学环境包括场地器材、班级人数、课时数等，外界的社会文化环境也对教学环境产生重要的影响。教学环境必然会对教学方法产生制约作用。如，一些直观教学方法需要借助一定的教学器材才能实现相应的教学目标，而学校体育教学资源的具体情况在一定程度上对教师采取的教学方法具有决定作用。教师在体育教学过程中应充分利用现有的教学环境，选择合理的教学方法，最大限度地利用现有的场地、器材条件。

4.学生的实际情况

在教学过程中，教学方法的实施对象是学生，采用多种教学方法的最终目的是促进学生更好地学习。在选择相应的体育教学方法时，应与学生特点及其实际情况相符合。学生的实际情况表现多方面的内容，包括学生的年龄特点、性别特征、身心发育状况以及相应的知识储备和学习能力等。学生处于不同的年龄阶段，其身心发展过程也具有阶段性的特点。对大学生而言，低年级学生和高年级学生的身心发展特点会表现出鲜明的差异性。男女性别上的差异性也会导致其对体育的态度有所不同，因此应采取合适的方法，充分调动学生体育学习的积极性。学生的经验和知识储备以及其相应的学习能力也是教师选择不同的教学方法的重要依据。对知识储备量较为丰富，已经掌握了基础的知识技能，并且学习能力较强的学生，其在学习新的体育技能时能够更快、更好地掌握。此时，教师可采用合理的教学方法促进学生的技能水平向着更高的水平发展。

5.教师的自身素质

体育教师是各种教学方法的实施者，其自身的素质对教学活动的效果产生重要的影响。体育教学如果能力和素质有限，则其将不能发挥相应的教学方法的作用，从而对教学活动产生消极的影响。教师在选择相应的教学活动时，应对自身的专业素养、能力水平以及教法特点有着客观的理解。

通常情况下，体育教师所熟练掌握的教学方法越多，则其越能够根据自身以及学生的实际情况选择出最佳的教学方法。不同教师根据学生实际状况采取同样的教学方法，也会得到不同的教学效果，可见教师自身条件极大地影响着体育教学活动。所以，教师要有提高认识自身素质与教学风格的意识，并通过积极的学习增强自身的素质，尝试和掌握更多的教学方法。

（二）选择体育教学方法的要求

1.一般性要求

相关研究表明，在对体育教学方法进行选择与配合时，应当考虑并达到几个方面的一般性要求：第一，体育教学方法必须符合教学规律原则；第二，体育教学方法必须符合体育教学的教学目标；第三，体育教学方法必须符合体育教学内容的具体特征；第四，体育教学方法必须符合学生学习条件的可能性；第五，体育教学方法必须符合教师实际条件的可能性；第六，体育教学方法必须符合学校的教学条件，并且具备较为显著的功能与效果。

2.具体要求

第一，体育教师要全面了解各项体育教学方法，倘若体育教师对各项教学方法没有做到深层次掌握，那么选择就无从谈起。教师在了解体育教学方法时，不仅要了解动作技能形成的方法，还需了解传授体育知识的方法，另外，也需要了解发展学生个性、开展思想品德教育以及锻炼身体的方法等。教师只有全面了解与掌握多种体育教学方法，才能依照体育教学的实际要求，选择富有针对性和实效性的体育教学方法。

第二，教师要遵循多中选优原则，原因在于各项体育教学方法均有其自身的优势与劣势，均有其自身的独特性能，但是尚未有任何一项体育教学方法能达到万能的要求。教师在对体育教学方法进行选择时，必须达到全面了解与掌握体育教学方法的要求，随后才能结合体育教学的实际状况，在众多体育教学方法中选择出最能发挥其独特性能的教学方法。为了真正达到从中选优的要求，所有体育教师均需建立一个具有个性化特征的教学方法"仓库"，以体育教学方法的具体性能为主要依据，将其编成系列（如将其编成卡片），将性能相同或者相近的体育教学编成一类，当教师需要选取适宜教学方法时即可从中选取。

第三，教师要采用比较的方式，从中选优。不同的体育教学方法能够实现相同的目标，至于使用哪一种教学方法的效果更佳，则需要教师对具体教学方法进行多方面比较，从而实现从中择优的目的。教师可以对每一小类或者每一类体育教学方法对学生理论知识的掌握情况，运动技能、身体素质水平、自身个性的发展情况，思想品德和行为习惯的培养情况进行认真分析与比较，充分考虑特定体育教学方法的适用范围和适用条件，具体教学方法解决哪些教学任务最为适宜，结合哪些教学内容最为适当，与哪些类型的学生最为符合，对教师和教学环境的具体要求等多项内容展开综合比较，逐级筛选，最终做出最为恰当的选择。倘若体育教师能够达到这些要求，则能够为高效运用体育教学方法奠定坚实的基础。

（三）选择体育教学方法的注意事项

1.注意师生之间的协调配合

在体育教学过程中，教师和学生的默契配合是取得良好教学效果的重要保证。教学活动不存在没有"教"的"学"，也不存在没有"学"的"教"。不管是何种教学方法，都应考虑"如何教"和"如何学"两个方面的问题。

在传统体育教学过程中，片面强调以教师为中心，教学方法也只是注重教师"如何教"的问题，而对学生在教学过程中的作用则选择性地忽略了。如，教师在动作示范时，只考虑动作的优美和协调性，而没有考虑学生的感受，从而使得学生的学习效果不佳，影响教学活动的开展。因此，体育教学方法的应用应考虑师生双方的合理配合，避免两者的脱节。这样才能取得良好的教学效果。

2.注意学生内部与外部活动的配合

学生的学习过程是内部活动和外部活动的综合体现，内部活动是学生的心理活动以及相应的生理生化反应等方面，外部活动则是其动作质量、情绪、注意力等方面。在选择相应的教学方法时，应注重两者之间的配合；在选择相应的体育教学方法时，应注重两者之间的配合，教师应善于分析学生的内外活动变化，有机结合指导学生外部活动的方法与激发学生内部活动的教学方法，以促进学生主动积极地参与到体育学习中；在选择体育教学的方法时，还应对多种教学方法进行对比分析，从而确定最佳的教学方法。在教学过程中，应明确不同的教学方法适应什么样的教学内容，能够解决什么样的教学问题，能够对什么样的教学对象起到更好的作用等。

3.注意不同学习阶段的前后配合

学生在学习过程中，在不同的学习阶段会表现出不同的特点。体育教学方法的应用应考虑学生学习知识的不同阶段的前后配合。在动作学习过程中，应注重"模仿型"向"创造型"的过渡，并实现二者的有机结合。学生的学习过程是由不了解到熟悉的过程。在学习的初始阶段，通常以模仿（模仿教师或他人）学习为主，之后，学生就会形成动作定式而完全摆脱模仿，从"模仿型"过渡到了"创造型"。这两个阶段之间既具有一定的联系，又相互区别。在运用教学方法时既要防止两者之间的互相代替，又要防止两者之间的割裂。

二、体育教学方法的运用

（一）体育教学方法的优化组合运用

1.优化组合运用的原则

（1）最优性原则

不同的教学方法其特点、功能和应用范围都会有相应的差异性，各教学方法都有其优缺点。在对教学方法进行组合运用时，会形成不同体系的综合教学方法，每一套教学方法都有其鲜明的特点。教师在进行教学方法的优化组合时，应根据实际情况，选择一套最符合实际情况的教学方法。教师在教学方法选择时，应从整体入手，将各种教学方法进行有机结合，充分发挥教学方法体系的整体功能。

（2）统一性原则

统一性原则要求教师在选择相应的教学方法时，应注重"教"与"学"的统一，使得两者之间密切结合，相互促进。如果只强调其中的一方面，则教学活动并不会取得良好的效果。统一性原则还要求，在教学过程中应将教学方法的多种功能充分地发挥出来，促进学生素质的全面发展。

（3）启发性原则

不管是何种形式的教学方法，其都应该能够更好地调动学生的积极性和自觉性，促进学生进行积极思考与探索，促进学生全面提高自身素质。在体育教学活动中，要注重学生兴趣和动机的培养，发展其自主思维和学习的意识。

（4）创造性和灵活性原则

在选择体育教学方法时，应注重发挥教师和学生的创造性。应对教学方法进行积极的改进和创新，使其更加适用于自身的教学实践活动。只有这样，才能够使得教学方法的功能最大化，从而取得较好的教学效果。教师要对教学方法进行不断的发展和创新，这样才能与教学水平的发展相适应。教学活动是一个动作的过程，教师在课前设计的相应教学方法可能在具体的教学实践中面临多方面的问题，这就需要教师进行灵活应变，根据实际教学情况，对所选的体育教学方法进行灵活的、创造性地运用。

2.体育教学方法优化组合的程序

（1）进一步明确体育教学任务

选择不同的教学方法要以教学任务和教学目标为主要依据。因此应将一节课的具体教学任务进行分析和细化，制定出相应的详细任务规划。

（2）联系实际情况

将总体设想提出来通过对教学任务、教学内容、学生的具体情况以及教学的外部情况等进行分析，对相应的教学方法进行评估和分析。在提出教学的总体设想时，应将教学方法的可行性和适用性充分考虑进来。

（3）对多种体育教学方法加以优化

组合制定教学方法和教学方法的具体方式及细节表，对各种教学方法进行分析，并对其不完善的地方进行相应的补充。在此基础上，将优化组合后的教学方法应用于具体的教学实践过程中。

（4）对优化组合的教学方法实施与评价

在体育教学过程中，应对教学方法产生的效果进行跟踪了解，可通过学生反馈的形式了解具体情况。对教学方法的反馈信息进行归纳和分析研究，并对教学方法做出相应的调整。在以后的教学过程中，要不断地总结经验和教训，促进教学方法的不断优化。

（二）常见体育教学方法的具体运用

常见体育教学方法主要有语言教学法、直观教学法、完整教学法、分解教学法、预防与纠错教学法。

1. 语言教学法

语言教学法即在教学活动中，教师通过对学生进行语言指导，从而达到相应的教学效果的方法。作为一名教师，能够正确、简明、形象地使用语言，对学生的学习和教学工作任务的完成具有重要的意义。正确地使用语言，不但能够使学生更好地理解相应的学习目标和任务，还能够促进其对相应的知识和技能进行快速掌握。在体育教学过程中，教师应注重语言法的运用，注重语言的技巧。大多数学校体育教学中，语言法的运用形式有讲解、口头汇报、口头评价以及口令和指示等。

（1）讲解法

讲解是指教师将相应的动作要领、方法和规则要求等方面的知识向学生进行说明，其目的在于更好地指导学生进行相应的运动技能的学习和掌握。讲解法是较为常用的教学方法，在运用时应注重以下几个方面的问题。

第一，要明确讲解的目的，根据教学的目标、教学内容和学生特点进行讲解。在讲解过程中，应对自身的语速、语气进行调节，并抓住教学内容的重点和难点，具有一定的目的性和针对性，这样才能使学生明白哪些是重点和应该着重理解的方面。

第二，在进行讲解时，应注重其内容的正确性，不管是具体的工作原理还是相关的基本知识，都应做到准确无误。还应注重讲解的方式要与学生的学习情况和学习能力相适应，使学生能够更好地接受相应的知识。

第三，为了更好地使学生理解相应的技术动作，讲解要做到生动形象、简明扼要。在讲解过程中应注重将新的技术动作和知识内容与学生已经了解和熟悉的内容联系起来，使学生更好地理解相应的动作技术。教学时间有限，学生的注意力集中程度也会随着学习时间的延长而有所下降，因此应抓住重点，简明扼要地进行讲解。

第四，在内容讲解过程中，一些知识体系和动作技术不能将其孤立起来，要注重启发学生的发散性思维和创造性思维，使学生能够触类旁通、举一反三，更好地理解相关的知识，达到学以致用的目的。

第五，在进行讲解时，还应注重讲解的时机和效果。在讲解相应的内容时，首先应选择合适的站立位置，确保每个学生都能够听到相应的内容。给学生进行讲解时，应充分调动其好奇心和积极性，这样才能取得更好的效果。

（2）口头汇报法

口头汇报是教师了解教学效果的一项重要方法，这种方法要求学生根据教学需要，向教师表述学习心得和有关教学内容、方式和疑难问题等相关方面的问题。通过学生的口头汇报，能够使教师明确自身在教学过程中的不足，为教师提高和发展自身的教学水平提供相应的依据。对学生而言，通过这种方式不仅能够培养其语言表达能力，还能够促进其进行积极的思考，加深其对于教学内容的理解。在教学过程中安排相应的口头汇报不仅有助于教师和学生素质的提高，还有助于整体教学质量的提升。

（3）口头评价法

口头评价同样是一种重要的语言方法，对学生的动作完成情况以及课堂表现给予相应的口头评价，能够更好地促进学生的学习。

口头评价包括积极的评价和消极的评价。积极的评价即为对学生的正面鼓励，这能够在一定程度上激发学生的积极性，促进教学活动的更好开展；消极的评价则是否定性的评价，这种评价往往指出学生的不足，明确其提高的方法和努力的方向，用这种方式时应注重语气和口气。

（4）口令、指示法

在体育教学过程中，需要借助多种口令和指示，如"立正""跑""转体"等。这些语言简短有力，能够很好地指导学生进行相应的技术动作的学练。需要注意的是，运用这些口令和指示时，应注意把握其时机和节奏，否则会造成学生动作不协调和出错。还应注重发音洪亮有力，不仅要使学生能够清楚地听到，还应给学生以势在必行之感。

2. 直观教学法

直观法是体育教学中较为常用的一种教学方法。通过相应的直观的方式作用于人体的感觉器官，引起相应的感知，从而实现体育教学目的。在实践过程中，人们认识事物时都是首先从感觉器官的感知开始的，因此，直观教学法能够使学生更易于理解相应的教学内容。直观教学法的运用形式主要包括动作示范、条件诱导、多媒体技术、教具和模型的演示等。

（1）动作示范法

动作示范是指教师采取一些示范动作使学生对技术动作的形象、结构和要领进行掌握的基本方法。通常在进行动作示范时，教师可亲自进行示范，也可指定相应的学生进行动作示范。在采用动作示范方法时，应注重以下几个方面的问题。

在进行动作示范时，应具有一定的目的性。如果是为了使学生了解动作的基本形象，示范动作可稍快；如果动作示范是为了使学生了解相应的动作结构，并引导学生进行学习，则动作应稍慢，可略夸张；如果是示范相应的重点和难点动作，可多示范几次。

示范动作一定要注重其正确性，避免对学生形成误导。在进行相应的讲解时，不仅要注重内容的正确性，还要体现出教学内容的特点，并与学生的学习能力相适应，提高学生的学习兴趣。

进行动作示范时，应使全体学生都能够看到。因此可使学生呈圆圈形站立或是错位站立。

在进行动作示范时，一般会配合相应的讲解方法，使学生能够更好地理解。可采用先示范后讲解、边示范边讲解和先讲解后示范等方式。

（2）条件诱导法

条件诱导法也是较为常用的一种教学方法，以某种条件为诱因，并与相应的动作建立联系，从而达到相应的教学目的。如，通过相应的音乐伴奏和喊节拍的方式，形成一定的动作节奏感；通过简单的语言提示使学生的动作能够流畅进行。除此之外，也可设置相应的视觉标志，指示学生进行相应的动作方向和运动轨迹、幅度等方面的操作。

（3）采用多媒体技术法

电影、幻灯、录像等是多媒体技术的主要内容，在运用电影和电视、录像时，应注意播放内容要与体育教学目标相适应，并有机结合电影和电视、录像与讲解示范练习。多媒体技术虽然在教学过程中得到了普遍的运用，但是在体育教学过程中，其应用并不广泛。这与体育教学在户外授课、器材运用不方便具有很大的关系。

（4）直观教具与模型演示法

在体育教学过程中，对一些高难度的动作可采用图表、照片和模型等直观方法进行辅助教学。通过运用这些教学工具能够使学生更加容易理解相应的技术结构和动作形象。对一些战术配合，也常采用模型演示的方式进行讲解。

3. 完整教学法

完整法指的是从动作开始到结束，完整地进行教学和练习的方法。一般在技术动作的难度不是很高或技术动作不可进行分解时，会采用完整法进行教学。在首次进行动作示范时，也会采用完整法来进行动作技术形象的示范。完整法的优点在于动作协调优美、结构简单、方向路线变化较小，各部门之间具有密切的联系。其缺点在于对一些复杂的动作而言，采用这种教学方法会给教学带来一定的困难。

为了便于学生进行学习，促进教学活动更好地开展，应注重几个方面的问题：在讲授一些简单和易于掌握的动作技术时，教师可以先进行完整的动作示范，示范之后，学生直接完成完整的动作练习；有些技术动作无法分解时要采用完整教学法，需要注意的是，在采用这种方法时，要对其中的各项要素进行必要的分析，但不能拘泥于动作的细节，要从整体上进行把握，确保动作的完整性和流畅性；对一些难度动作，可适当地降低其难度，可先通过降低难度或是徒手完成相应的动作，在此基础上逐渐增加难度，降低难度时不能使技术动作出现错误，对一些器材的质量以及高度、距离等标准可适当降低；采用完整法进行教学时，可适当改变外部的环境条件，在外力条件的帮助下完成相应的完整动作。

4.分解教学法

分解法即将完整的动作划分为几个部分，逐步使学生掌握完整的动作技术。这种方法适用于难度相对较高，并且动作可分解的运动项目。

采用这种教学方法时，能够将复杂的动作分解为简单的动作，从而使技术难度降低，更加有利于学生的学习和掌握。但是，这种方法也有其缺点，即它注重对局部动作的分解把握，可能在一定程度上使学生对整体的理解不全面。因此，分解教学法和完整教学法通常结合使用。

在运用分解法进行教学时，需要注意的问题是：第一，应仔细分析动作技术的特点，采用合理的方式对其进行分解，注重时间、空间等方面的有序性和统一性；第二，将完整的技术动作分为多个环节时，应注重各个环节之间的联系，注重动作结构之间的联系性；第三，在熟练掌握各阶段的动作之后，要注重各个环节之间的动作衔接，要保证其过渡的流畅性，形成有机的整体。

5.预防与纠错教学法

为了防止和纠正学生在练习过程中出现和可能出现的错误动作，教师在教学过程中经常采用预防与纠错法。在教学过程中，学生对各种动作技术的掌握不标准和出错的状况是不可避免的，教师应正确对待，并注意进行有意识的引导和纠正。

预防和纠错是相互联系的。预防具有一定的超前性，要求对可能出现的错误动作进行积极的引导，并要对其出错的原因进行分析；纠错具有鲜明的针对性，针对学生的错误动作采取相应的纠正措施，并分析出错原因。预防与纠错方法的运用形式有以下几种。

（1）语言表述法

为了使学生建立起正确的动作概念，应注意动作细节与要点描述的准确性，使学生能够准确理解各种技术动作的标准和结构顺序。通过这种方式，能够使学生建立正确的动作意识。

（2）诱导练习法

为了使学生的动作准确无误，可采用诱导性的教学方法，使学生达到相应的教学要求。如，学生在做肩肘倒立时，不能将腰腹部挺直，针对这种情况，可采用在垫子上方悬一吊球，让学生用脚尖触球，这样，学生就可以挺直腰腹部。

（3）限制练习法

在进行相应的动作练习时，设置一定的限制条件，有助于错误动作的纠正。如，在进行篮球投篮练习时，为了使学生投篮动作更协调、标准，可练习罚球线左右的投球练习，使学生掌握正确的投篮方式。

（4）自我暗示法

学生在进行相应的动作练习时，为了保证动作的准确性，在练习中有意识地暗示自己达到要求的方法。如，在进行篮球的投篮练习时，学生可暗示自己投篮时手指、手腕的动作要标准，使自身的投篮动作准确无误；再如，在奔跑练习中要暗示自己注意后腿充分蹬地。

（三）运用体育教学方法的注意事项

1.注意体育教学方法效果的影响因素

在合理应用体育教学方法时，为了取得良好的教学效果，体育教师要加强与学生之间的协调配合。在体育教学实践活动中，教学方法所产生的效果受体育教师的知识储备、人格魅力以及教学技艺等方面的影响。因此，提高教师的素养对教学方法使用的效果将会产生积极影响。

需要注意的是，体育教学是教师与学生之间的双边互动，学生因素对教学方法运用的效果也产生重要的影响。学生能动性的发挥情况对教学方法的运用效果产生重要的影响。如，当学生没有太大的兴趣参与到体育课教学中时，就会在课堂上表现出注意力不集中，即使体育教师使用正确、生动、形象的讲解方法或准确、协调、优美的动作示范，学生依然不会提高参与课堂学习的兴趣与积极性。

除教师与学生两项因素外，体育教学方法的运用效果还会受体育教学物质条件和环境的影响。如，在进行篮球运动教学时，如果是在较为干净的室内塑胶场地上，学生在奔跑和起跳时的心理状态与在水泥地面上时是不同的，室内塑胶场地上，当学生起跳落地时，可以做出相应的保护性动作，能够有效避免受伤。因此在强调教学主体主观因素的同时，也不可以忽略物质和环境等客观因素。

2.注意体育教学方法有关理论的运用

有关体育教学的理论源于实践，但又高于实践，是科学总结体育教学实践的结果。体育教学相关的方法既要注重实践方面的问题，又要注重理论方面的探索。如果体育教学的相关理论具有一定的片面性，则其体育教学的方法也会表现出一定的片面性。

在体育教学过程中，体育教学方法方面的理论基础应综合考虑几个方面：第一，辩证唯物主义与唯物辩证法的基本观点；第二，系统论原理，深化理解体育教学系统；第三，教与学、心理学等与体育教学有关的学科理论知识；第四，普通教学论和体育教学论是体育教学方法直接的理论基础；第五，对当代各学科的先进理论成果进行借鉴和吸收，创造性地应用相应的理论和方法。从整体角度进行分析，在体育教学过程中，应用新观念、新理论指导体育教学工作，并不断对体育教学的方法进行创新，可以充分发挥各种教学方法的效用。

第三节　高校体育教学方法的发展与改革

一、高校体育教学方法的发展历史

高校体育教学方法的发展历史主要分为体操和兵操时代、竞技运动时代以及体育教育时代。

（一）体操和兵操时代

在传统社会里，推动体育运动发展的一项推动力是军事战争。在封建社会和资本主义社会的早期，为了提高士兵的作战能力，士兵会进行相应的体育训练。这时的体育教学方法主要以训练式和注入式为主，较为单调。训练式和注入式的教学方法偏重于大运动量的不断重复，通过苦练来增加人体的运动记忆并不断增强体能。

（二）竞技运动时代

自近代以来，随着资本主义社会的不断发展，竞技运动也得到快速的发展，竞技运动项目逐渐增多。竞技运动以公平、平等等思想为指导，并且融入了众多的文化因素，充满生机和活力。竞技运动要求运动员具有高超的运动技能，而一味地苦练并不能适应竞技体育发展的需要，体育教学方法的改进成为必然的趋势。这一阶段，教学效率明显提高，出现的一些新的教学方法有演示法、观察法以及小团体教学法等。

（三）体育教育时代

现代体育得到了很大的发展，并且成为学校教育的重要组成部分。体育成为一种文化现象，其内容也得到了极大的拓展，涉及健康教育、心理训练、安全教育、体育咨询、体育培训等，体育的知识和技能快速发展。人们针对体育教学的内容、方法的研究也逐渐深化。体育教学的方法不但可以使学生掌握相应的体育知识和技能，还可以促进学生的全面发展，使其身体素质、心理健康、运动欣赏能力等方面得到相应的发展。随着技术的发展，一些新的体育教学方法也随之出现。计算机、录像、电影等多媒体技术的发展，使得运动表象和感知等方法得到了快速的深化发展，体育教学的方法更加科学、规范，并向着更高层次发展。

需要重点强调的是，新体育教学方法的出现并不意味着传统体育教学方法的消失。在不同的时代背景下，会出现与这一阶段的生产力和科学文化发展相适应的体育教学方法。这些新的体育教学方法与传统体育教学方法相结合，相互借鉴，共同促进了体育教学的发展。体育教学的方法是一个不断发展的过程，随着教学环境、教学对象和教学内容的发展，呈现出不同的阶段性特点。

二、高校体育教学方法的发展特征

（一）科技进步促进了体育教学方法的创新

科学技术发展迅速，在不断丰富和方便人们日常生活的同时，在其他领域也发挥着重要的作用。在体育教学中，科学技术的进步对其教学方法的影响是极其深远的。随着计算机技术的快速发展，其在体育教学中迅速得到普及，这使得体育教学中的动作示范更加标准、科学，资料的收集、整合更加便捷，并且学生在学习空间和时间方面的限制减弱，实现了实时的信息沟通。通过运用计算机进行动作示范，能够从不同的角度，以不同的速度，对不同部位的动作进行细致的分析和研究，使传统的讲解示范等方法更加科学、高效。

（二）体育教学内容的变革促进了教学方法的变革

为了适应时代的发展，满足学生的体育需求，体育教学的内容处于不断的发展和变革之中，这也导致了体育教学方法的变革。如，随着定向运动和野外生存运动引入体育教学之中，使得体育教学活动的野外组织和教学方法得到了更加广泛地发展。

（三）体育教学理论的发展促进了教学方法的完善

体育教学理论的发展有利于体育教学方法的创新与进步。在新的体育教学理论的指导下，体育教学方法逐步实现了发展和创新。传统的体育教学过程中，对体育运动技能的分析有所欠缺，并且同一运动项目的教学方法相对较为固定，甚至在不同的运动项目中都采用统一的教学方法。

面对不同的运动项目，体育教学方法是以不变应万变。但随着有关专家研究球类运动项目的不断深入，领会式教学法由于适合球类运动而应运而生。

（四）学生个性发展促进了体育教学方法的改进

在不同的时代环境，学生会表现出不同的特征，同时学生的个性特点具有很多变动性。为了更好地促进体育教学目标的实现，促进体育教学效果的提高，应根据学生的具体情况，采用不同的体育教学方法。

学生各方面的变化主要体现在以下几个方面：第一，随着接受知识的增多，学生的认识能力逐渐增强；第二，随着时间的推移，学生的身体逐渐发育、发展；第三，伴随着学生知识和阅历的丰富，其个性越来越强，并且形成了相应的价值观念。除此之外，社会的文化价值观念对学生也产生较为显著的影响。体育教学的方法也应随着学生各方面的变化而进行适当的调整。

三、高校体育教学方法的发展趋势

现代体育教学经过多年的发展，不仅发展成为一个较为成熟的学科，同时也发展成为具有自身特色的教法体系，其发展趋势主要体现在以下几个方面。

（一）现代化趋势

现代教学方法的现代化过程中，体育教学的现代化十分明显。体育教学的重要表现之一是教学设备的现代化，通过采用先进的技术手段，使教师能够更容易开展教学活动，学生能够更好地学习。通过先进的现代化设备，教师能够对学生的身体素质进行更加深刻的了解，并能够更好地制定运动训练的负荷量。在教学管理方面，能够对学生的学习和生活提供更加便捷的服务。随着现代社会的发展，体育教学的各项技术逐渐发展，其教学方法也必然呈现出现代化的发展趋势。

（二）个性化与民主化趋势

在传统的教学过程中，教师是教学的主体，在教学过程中具有很强的统一性，教师的教学活动忽视了学生个体之间的差异性。随着教学活动的开展，社会越来越注重学生个性的发展，体育教学方法的发展也必然呈现个性化发展趋势。个性化的教学方法改革与创新对学生和社会的发展均具有重要的意义。民主化也是体育教学的大势所趋。随着教学过程中民主意识的崛起，民主化的体育教学方法也逐渐得到快速的发展。

（三）心理学化趋势

心理学认为，学习是一个复杂的心理过程。在体育教学过程中，学生的学习既涉及相应知识的记忆，同时还有动作技术的记忆。随着心理学研究的发展，学习过程的各个方面被人们认识，并且在具体教学实践过程中，心理学的相关理论逐渐受到重视。在体育教学方法的发展过程中，很多心理学的研究成果将会进一步得到应用，这对体育教学效果的提高具有重要的意义。体育教学还肩负着培养和发展学生的良好意志品质、促进学生的心理健康等方面的重要作用，通过运用相应心理学方面的方法，能够更好的达成这方面的目的。

四、高校体育教学方法发展中存在的问题

（一）教学方法单一化

现阶段，许多高校体育教师在相对落后的教学思想观念的影响与制约下，在高校体育教学活动的实践过程中，经常存在使用单一教学方法的问题。在体育教学实践中，部分教师依旧将传统体育技术的传授作为主要教育目的，通常采用讲解、示范以及练习等传统落后的教学方法，其教学效果也必然十分有限。相对传统落后的体育教学方法确实存在多方面的问题与劣势，它有很多需要完善与改进的空间。但我们还需充分认识到，学生自身身体是高校体育教学活动的主要媒介，高校体育教学活动只有利用与之对应的运动场地、设施设备以及练习，才能达到预定的教学目标，运动场地、设施设备以及练习在高校体育教学方法的使用效果方面发挥着重要

作用。

伴随着新形势的出现，高校体育教学的任务和目标也随之发生了很大变化。传统体育教学方法已经无法很好地适应高校体育教学任务的具体要求。因此，体育教师要积极转变教育思想观念，主动继承与发扬传统体育教学的优势，尽全力创新高校体育教学的方式与方法，进而更好地服务于高校体育教学的实践活动，尽全力推动学生的身心实现全面健康发展。

（二）实际效果不够显著

众所周知，高校体育课程教学纲要主要是对原有体育课程教学的进一步深化、拓展与改革。高校体育课程教学改革的一项重要内容与任务是创新。很多教师在开展体育教学活动的过程中，真正做到了努力创新、狠下功夫以及狠抓落实，选择了很多富有创新性的教学方法与手段，这一举措对高校体育教学改革产生了较为突出的推动作用。然而，我们还需清晰地认识到，在开展体育教学的具体过程中，依然存在某些教师过度重视课程形式，不重视或者忽视课程实际效果的问题，甚至还有些体育教师为展现全新的教学理念，将部分高、尖、精的体育教学设施设备运用在高校体育课堂中，尽管发挥了让学生眼前一亮的效果，但因为不便于操作，导致体育教学设施设备的实际效果大幅度降低。

除此之外，因为规范化体育技能教学是传统落后体育教学的唯一任务与目标，所以某些体育教师在选择体育教学方法时，其选择依据通常是促使学生尽快掌握体育技能而开展相应的体育教学活动。在众多体育教学方法中，部分教师单方面重视与追求对体育运动技能的系统性和完整性教授，严格要求学生对体育动作的各个环节加以理解与掌握，却忽视了对学生创新能力、观察能力、信息收集能力、分析能力以及自学能力等多方面素质的培养，其必然导致高校体育教育为技术而教，也必然影响与制约学生的学习效果。

（三）学生主体意识不强

长期以来，在开展具体体育教学活动的实践过程中，通常实行以教为主、以学为辅或者教师教、学生学等较为传统的教学模式。采用这种教学模式，尽管在部分教学内容与教学环节上取得了一定成效，然而传统教学方法在怎样充分调动学生积极主动、充满创新地学习教师传授的教学内容方面还有很大的改善空间。从实际角度出发，这种重视教师、忽视学生的高校体育教学方法广泛存在于高校体育教学活动中。除此之外，部分高校体育教师较为重视学生共同存在特征，却忽视了学生存在的个体差异性。而体育教师需要了解的是促使学生形成健康的个性特征，一方面是学生心理全面健康发展的客观需要，另一方面是当前社会对人才能力素质提出的要求。因此，体育教师要针对每位学生的不同情况，激励和鼓舞学生形成和发展自身的个性特征。

当然，多种问题和困难可能会存在于高校体育教学过程中，并且实施因人而异的教学策略着实会给体育教学活动带来一定的难度，教师将出发点设定为学生的个性特征成为较为常见的现象。尤其是在班级人数多、场地面积小、设备器材有限的情况下，进一步增加了充分发展学生个性的难度系数。因此，在具体的体育教学实践中，体育教师采用的教学方式往往是将教学中心置于对大多数学生的帮助和指导方面，很少采用适宜有效的教学方法对需要特别对待的学生展开帮助与指导，这一问题导致的必然结果是很难让学生在体育教学活动中得到充分发展。

五、改革高校体育教学方法的对策

（一）避免教学方法一成不变

教师要下定决心战胜困难，并有效避免体育教学方法单一化，主动实现教学方法的新颖性、实用性以及可操作性，可以有效激励和鼓舞学生对学习的求知欲和积极性，从而最大限度地吸引学生的注意力。现阶段，高校体育教师要大胆摒弃有碍学生发展的落后教学方法，从根本上改变传统体育教学过度重视技能的灌输式教学方法，高校体育教师要从实际出发，彻底将传统格局打破，将学生的兴趣爱好与其密切结合，主动创新并选择出对学生发展产生积极影响的体育教学方法，尽可能向学生提供一个良好的学习环境和学习氛围，持续不断地激发学生的学习兴趣，使体育教学活动的整体质量和效果得到质的提高，推动学生养成独立思考、独立分析、积极实践的良好习惯，从根本上使学生实现全面健康发展。

（二）积极培养学生的创新意识

推动高校体育教学方法得以创新的重要策略是主动培养学生的创新性意识。第一，要加强创新思想认识，密切结合娱乐体育与健身体育，这不仅是推动高校体育教育思想观念得以转变的重要体现，也是现阶段高校体育教学的根本任务；第二，要不断创新体育教学内容，教师在选择体育教学内容时要选择有利于学生实现全面健康发展和激发学生学习兴趣的内容，只有这样，才能使教学内容枯燥乏味的问题得到根本性解决；第三，要不断创新教学方法，教师要与学生的实际需求有机结合，采用启发式的教学方法来引导学生积极思考、独立解决问题，从而将学生的学习主动性充分调动起来。高校体育教师可以运用发现式教学方法来培养学生发现、思考以及分析问题的能力，还可以运用学导教学方法推动学生主动参与到学习过程中，锻炼和培养学生的自觉性和主动性，从而使学生养成自我锻炼以及终身锻炼的良好行为习惯。

（三）促使学生实现全面健康发展

在新的发展趋势下，促使学生得以全面健康发展已经成为创新高校体育教学方法的客观要求，所以高校体育教师要尽全力推动学生全面健康发展，保障学生在体育教学活动中能够受到启发和鼓舞。体育教师在开展体育教学活动的过程中，要以不同学生的实际情况为依据，努力寻找与学生发展特征最为切合的发展方向，让体育教学活动可以真正使每位学生获得收获和成长。

针对以上要求，高校体育教师要将学生的实际情况作为立足点，将学生今后的发展作为着眼点，尽全力为学生的全面健康发展奠定良好的基础。在对体育教学方法加以选择时，体育教师要将教会学生做人作为教学重点之一，把求知、审美、健体、劳动以及娱乐等方面密切结合，把学生所学的理论知识和生活实践密切结合，把课内教育与课外教育密切结合，从而推动学生实现多个方面的和谐统一，实现使学生全面健康发展的最终目标。

（四）重点强调教学活动的有机统一

促使高校体育教学方法得以创新的一项必然要求，是将各项教学活动有机统一。从本质来说，体育教学活动是一项教学互动的活动，倘若只有体育教师参与其中，而没有学生的积极参与，则不能将这一教学活动称为完整意义上的体育教学活动。反过来说，只有学生参与却没有教师参与的体育教学活动，其教学效果同样十分有限。体育教学活动要想取得理想的教学效果，则要求体育教师认真选择和处理自身与学生、教材、内容、手段以及方式方法等方面的相互关系。

　　我们知道，一次效果良好的体育教学活动，需要教师能够很好地处理自己与学生、教材、内容、手段和方式方法的关系，特别是在创新教学方法的同时，可以更好地结合学生的实际需要。这就要求教师和学生必须统一起来，积极参与到体育教学活动中来，达到教与学的统一。

　　创新体育教育不仅是一项高校教育政策措施，还是一项实现高校体育教学方法创新的内在要求。伴随着社会发展进程的不断推进，学生对体育教学的要求也随之产生翻天覆地的变化。现阶段，现代信息技术的大范围使用在向教师提供更多教学方法的同时，也向学生学习体育知识提供了更加广阔的平台，延伸和拓宽了高校体育教学活动，并将其具备的功能很好地发挥在体育教学活动中。因此，体育教师要将教学实际作为重要依据，主动研究和创新，大胆采用部分先进的教学方法，努力为学生创造一个有益的学习氛围，从而使学生的各方面需求得到满足。

第四章　高校体育教学模式

第一节　高校体育自主教学模式

一、自主教学内涵

（一）自主教学概念界定

关于体育自主教学，目前学界并没有统一的定义，许多研究者从不同的角度和层面对体育自主教学的内涵与外延进行了阐述。体育自主教学即将学生作为参与教学的主体，教学目标、教学模式、教学内容和方法都应该紧紧围绕学生展开，并和教师因素共同构成体育自主教学系统。健康、愉悦、放松等积极因素应该成为教学的主要原动力。

（二）自主教学外延释解

体育自主教学具有两个层面的双面性，对教师而言，它是一种教学模式与方法，而对学生而言，则是一种学习的模式与方法。因而，从整体上来看，高校体育自主教学就是为了实现一定的教学目标，将学生作为教学的主体，围绕这一主体开展教学模式、教学内容和教学方法地选择，充分发挥学生的主观能动性，激发学生参与热情的一种全新体育教育模式。从教师的角度进行阐释，自主教学就是为了实现一定的教学目的，根据体育教师的安排和规划，学生根据自身的条件制定学习目标，确定学习内容，最终完成学习目标的体育教学模式。

二、自主教学模式的特点

关于自主教学，目前学界并没有一个严格的定义，大致上可以理解为：通过多种形式丰富教学手段，引起学生学习的兴趣进而对学习内容进行自发性、连续性的发散学习行为。

（一）主观能动性

主观能动性是素质教育的重要内容，也是高校构建体育自主学习模式的核心特点，还是自主教学模式的基本特征。在传统教学模式中，体育教学和其他学科一样，教师往往处于教学的中心，学生往往需要跟着教师的节奏走，并按照教师设定的内容、方式、进度、目标进行学习。在这一模式下，学生的学习很大程度上是被动的，学生按照既定的模式进行，一方面没有充分结合学生的特点和个体差异，同时也使教学墨守成规，学生的主观能动性和积极性受到一定程度上的限制。

在自主教学模式中，首先关注的便是学生的个体特征，并将学生作为整个教学的核心，所有的教学工作必须紧紧围绕学生开展，同时学生在教学中也必须扮演重要的角色，而不再是单纯的按部就班。在这一教学模式中，学生应该根据自身兴趣爱好和个人特质，结合教学实际情况，和教师一起确定教学的主题、方式和内容，并在教师的指导帮助下进行自主学习，自行选择学习目标、内容和方法，并积极主动地推进教学，充分发挥自身的主观能动性，逐步成为体育教学中体育知识、体育技能和方法模式的构建者。因而，自主教学模式是反对强制式、灌输式和被动式教学而主张主动式和探索式的主动学习模式。

（二）教学有效性

传统教学中被动性和灌输性的比重较大，其教学效果受诸多因素的影响，由于没有充分结合学生的个体特征，其教学效果往往主要依靠强制性的学习和反复的联系来实现。在教学实践中我们注意到，教师讲的内容都一样，但学生的学习效果却有天壤之别，成绩优异的学生无一例外都进行了相当程度的自我学习，而正是自主教学的深入开展，让他们学会了发现问题、解决问题，并发展了自我分析理解的能力，实现了从"鱼"到"渔"的过度。由此可见，自主教学模式的学习是有效的，因为在这一模式中，学生成为了积极主动的主体，自主教学模式水平越高，则学生的学习效果就越好，学校体育教学的质量也就越高。

（三）相对独立性

自主教学模式和传统的自学既有联系也有区别，虽然两者都鼓励学生在整个学习过程中充分发挥自身的主观能动性，摆脱对他人的依赖，实现自身学习能力的提升。但是，自主教学模式同时也强调了自主学习过程的系统化，强调教师的引导与帮助和学生之间的分享与交流，因而自主学习系统的独立是相对的，学生不可能脱离教师和学校，进行完全独立的自我学习。相对独立性体现在两个层面：从宏观来看，体育自主教学模式中的构成元素，学生不能完全独立，教学目标、教学内容、教学方式、体育训练的内容、阶段、时间等，学生不可能完全脱离教师的指导和帮助；从微观来看，每一个元素从开始到设计，再到实施及总结，每一个过程学生也需要来自教师和同学的资源共享及帮助与支持。因而，高校体育教学中自主教学模式的独立性是相对的，需要清楚学生的学习在哪些方面和过程是自主的，只有这样才能设计出更加符合教学实际的自主教学模式。

（四）情感丰富性

情感是现代教育中一个重要的概念。情感对教学具有明显的影响作用，积极乐观的情感会对教学产生积极的推动作用，而压抑消极的情感则无疑会对教学产生负面作用。在自主教学模式中，学生的主观能动性得到积极地调动，其情感得到释放和良性的引导，和传统的教学模式相比，学生在教学中往往可以表现出更加丰富的情感和积极的情绪。自主教学模式带来的轻松活泼的课堂气氛，互助共享的教学资源以及给予学生的展示平台，都将有利于推动学生正面情绪的释放，而这种正面积极情绪的释放，将对教学产生积极的推动作用，同时拉近教学双方的距离。

（五）范围有限性

自主教学模式并不是适用于所有的教学，因为对某些要求极高且教学资源十分集中的高精尖项目（如核能、航天、军工技术等），采用自主教学模式未必能适用，或者是教学环境不允许。因而在教学实践中必须注意，并不是所有的教学内容都可以完全采用自主教学模式，很可能某些学科只能部分采用或借鉴其思维。高校的体育教育和其他学科的教学目标存在巨大差异，通常来说，高校的体育教学并没有在知识模式方面有严格的教学目标，而更多是让学生认识体育，热爱体育，并建立积极乐观的心态和坚持体育锻炼的习惯，从而全面提升国民的综合身体素质。因而，高校体育教学是可以灵活化及自由化的，只要能实现最终教学目的，无须拘泥于采用传统的教学模式。

二、高校体育教学自主教学构建的重要性分析

（一）自主教学未成系统化

从"学习过程类"的问题分析可以看出，大部分学生对自主教学这一模式表示认同，也愿意尝试进行自主性教学，但是由于自身自主学习能力普遍较高，他们又十分重视教师提出的教学计划，规定的教学内容，对自主教学的效果感到不确定。在高校目前的体育教学中，学生希望自身的自主学习能够系统化地进行，能够得到来自教师及同学的帮助和监管，并希望在这一过程中植入一定的教学机制，能够帮助自身的自主教学系统化、科学化地进行，而不是变为纯粹的自学。

（二）学生渴望得到更大的自由学习空间

高校体育教学中，学生十分渴望拥有更大的自由学习空间，并期望通过自由宽泛的学习环境，真正在体育领域有所进步或发展。这些需求归结起来有以下几类。

第一，能够自主选择学习内容，并和教师一起设定针对自身实际情况的教学目标。进行分组练习时，希望能进行自由组合，同样的教学内容，希望教师能够提出不同的学习和练习方法供自己选择。

第二，希望在体育教学中教师能够给予自己一定的自我展示平台，让自己充分展示体育特长，并分享自己的经验，和同学们一起学习进步。尤其是体育基础较好的同学，他们十分渴望在体育教学平台上得到来自各方的关注，将体育教学作为一个学习和自我展示的平台，并由此获得成就感和荣耀感。

第三，优化体育教学课堂的氛围和教学模式。大部分学生希望在体育课堂上教师能安排一些个人练习和同学交流的机会，并希望学校能够让自

己拥有自主选择体育学习项目的机会。大部分学生表示，并不喜欢刻板且一成不变的体育课堂，他们更加渴望和谐、融洽，同时充满趣味和互动的课堂。

三、高校体育自主教学模式的构建

（一）高校体育自主学习模式的构建策略

1. 强化学生自主学习的理念

在多数学生的观念中，体育课就是打球、跑步，然后获得相应的学分，对体育课本质缺乏理解和认识，体会不到体育锻炼增强身体素质的重要意义。

（1）改变学生的传统观念

使学生认识到体育课对自身身体素质提升的重要性，让学生了解到自主学习体育课程可以提升自身的交际能力，同时有效提高自身解决问题的能力，更好地适应未来社会的发展需要。这样能够增强学生自主学习的意识，树立自主学习的观念，积极主动地、发自内心地参与到体育锻炼和体育知识的学习当中，从而有效地提升学生自主学习的能力。

（2）促使学生正确认识自我

高校学生体育课程的选择和体育锻炼计划的制定都要以学生自己的身体条件为依据。所以，学生要对自身的状况有全面的了解和正确的定位。只有这样，才能够制定出适合自己的学习目标，进而制定出相应的学习和锻炼计划。

（3）增强学生自我监控与调节能力

在培养学生自主学习能力的过程中，教师要注重培养学生自我监控和调节的能力，让学生通过自我测试和反省等方式对制定的学习目标和锻炼计划进行控制和调节，及时改变学习策略和方法，并对获得的能力、技能和知识进行及时评价，树立自信、扬长避短，不断激发学生学习的创造性和积极性，为自主学习能力的提升创造空间。

2.打造"自主选择"的体育学习模式

在高校体育学生自主学习过程中，教师应充分尊重学生，根据学生的不同体育运用情况，适时打造"自主选择"式学习模式，这主要包括自主选择学习的时间、内容和方法等方面，使体育真正走向学生自主，努力提高体育学习质量。

（1）"自主选择"体育学习时间

在大学阶段，学校的教学管理形式是学分制，这种制度给予学生在课程选择上有较大的自由，学生可以根据自己的具体情况来安排体育课的上课时间，不管是专项体育课，还是普修的体育课。除了学分制外，学校还应该有针对性地创造条件，让学生自由的选择上课时间，这样能够有效激发学生上体育课的积极性，在保证与原有学分制同步管理的同时，有效提升学生的自主学习能力。

（2）"自主选择"体育学习内容

学校应该不断地丰富体育课可选择的教学内容，给予学生更多的、依据自己的兴趣爱好自由选择的机会，但是高校需注意调控学生的学习活动，加强教学管理。

在高校体育自主教学过程中，应注意以下教学侧重点：第一，充分利用高校丰富的体育资源，给学生提供更大的自主选择空间。在普修体育课上，要尽量根据学生的兴趣爱好来安排教材的内容供学生选择。在专项体育课上，在完成统一教学内容之后，尽可能留出适当的时间给不同基础的学生进行自主的学习和锻炼。第二，学生自主选择教学内容之后，教师要加强对教学的监督和管理，对学习要求有严格的标准，并安排相应的人员组织学生之间相互交流和学习，在这一过程中教师要适时给予指导，保证学生学习的质量。

（3）"自主选择"体育学习方法

每个人的身体素质都存在着非常大的差异，所以要求教师因材施教，根据学生对教学内容理解和接受能力的不同，引导学生自主选择适合自己的练习方法。在不严格要求技术规范的教学内容时，不要限制学生的练习方法，允许学生用不同的方式完成同一内容的练习。如，在进行篮球运球训练时，教师应该引导学生以个人独立、小组合作等不同模式学习运球，并且结合运球竞赛、游戏等方式，激发学生自主学习的积极性。

（二）建立并完善科学合理的自主教学教育模式

建立一个科学合理的自主教育模式是发展高校体育自主学习的基础，我们应该彻底改变传统高校体育教育的教师本位思想，将学生完完全全作为教学的核心，所有的教学都应围绕学生展开。建立这样的模式，我们应该考虑以下因素。

1.组织引导系统

组织引导系统是高校体育自主教学模式的首要环节，也是这一系统的基础和流程导向，具有重要的基础性作用。组织引导系统的主要作用在于宣传自主教学模式的理念和基本模式，并通过宣传让学生逐步认识、感知并接受这一新兴教学模式。组织引导系统的另一重要作用在于激发学生对自主教学模式的参与热情，通过丰富多样的形式将学生引入到相关体育教学之中，并让学生对学习产生深入理解和挖掘、自我探索的欲望。可以这样说，组织引导系统是激发学生参与自主学习的首要和关键性环节，这一环节将为高校体育自主教学模式提供强大的原动力。

组织引导系统的核心在于教师的组织和规划，教师应该对教学目标进行宏观设置和整体把控，并进一步将目标细化为整体目标和阶段性目标，根据目标的设置规划相应的课程与教学手段。在组织引导阶段，课堂教学的内容与形式十分重要，需要快速抓住学生的注意力和兴趣，并给予其宽泛的想象空间，这对后续自主学习系统的推进十分必要。以课堂教学的引入为例，传统的体育教学往往缺乏课堂教学的引入环节，而在组织引导系统中，高校可以尝试以下热门的话题来展开本堂教学，即设置相应的课堂教学引入机制，如精彩激烈的篮球比赛、奥运比赛、街舞、扣篮进球集锦等。这些内容紧扣教学内容，可以在很大程度上激发学生的兴趣和激情，对比传统的集合加解散模式，显然更有利于营造教学氛围，并能鼓励学生积极参与其中，在课堂的一开始便抓住学生的注意力，从而为后续教学带来方便。

2. 学习系统

这是自主学习模式的核心组成部分，即建立并完善学生的学习模式，学习系统主要包括内容和方式两个层面，这也是学习系统需要明确的两个基本要素。内容，即学生需要明确地选择出学习内容，这一内容可以是多样的，但应该充分结合学生的个人身体特质和兴趣爱好，经过教师的帮扶和建议，最终确定;而形式则是指学生自主学习的方法，学生可以自己进行，也可以分小组进行。分组进行是常用的一种学习系统方式，其学习效果也比较突出，高校可以在学习系统中参考这一模式。教师根据学生的意愿和自身的教学计划综合划分小组，并对各个小组设立考评机制，主要根据小组学习情况和最终教学目标的实现程度进行评价。这样，小组之间便可以形成良性竞争的机制，而在小组内部，各个成员之间亦可以进行经验分享与学习上的互助，从而在内外两个层面提升学习系统的效率和教学效果。

除了内容与方式两个基本层面，学习系统还需要设置一定的后续配合内容，如在学生选择了学习内容之后，期末的体育检测便可增设考核学生自己选择的项目并保持一定的权重，这样会使学生在选择的时候十分用心，而后期学习也会十分努力。同时可以在课堂上组织大家讨论采用什么样的方式来进行教学，讨论之后教师再综合考虑大家的意见加以实行。通过反复练习来不断反思和总结，再向同学和教师寻求帮助。

3.过程控制系统

过程控制系统属于自主教学模式中的控制性和辅助性环节，也是自主教学模式区别于传统自学的重要因素。一般来说，过程控制模式分为两个部分，即帮助和监管，高校可以基于这两个模块构建过程控制系统。帮助模块主要为解决学生自主学习过程中遇到的各种问题。由于体育运动的内容深入到社会生活中的各个层面，在学生自主学习的过程中，不可避免地会遇到各种学习和体育运动实践方面的问题，如锻炼方式、运动技巧、各项体育运动的细节动作、比赛规则等，如果没有科学有效的帮助系统，那么学生的问题将会越积越多，最终严重影响自主教学模式的推进。在帮助模块中，可以设置师生之间、学生之间和小组之间等多种形式的帮助，学生可以自我解决，也可以讨论解决，当然也可以寻求教师的帮助。通过帮助模块的设置，学生在自主学习过程中的问题可以得到及时有效地解决。

除了帮助模块，监管模块也是过程控制模式的重要组成部分，自主学习模式在推进的过程中，教师必须对整个过程进行监管，保证教学的正常进行，同时保证教学目标的实现。换言之，教师必须通过一定的手段，及时有效地掌握学生的学习情况，当出现偏差或者教学环境发生变化时，教师应当及时调整教学计划和自主教学模式。监管模块的方式十分多样，如，教师可以定期开展座谈会，开展学生小组内部讨论和小组之间的讨论，在讨论中分享学习经验，共同探讨学习问题，而通过这样的讨论，教师可以及时掌握学生的学习动向，以便洞察当中存在的问题，进而进行纠正和调整。从这一层面来看，过程控制系统是保证自主教学模式按照既定模式发展的有效保证，这一系统的缺乏，将容易导致自主教学模式变得散乱无序，进而偏离教学目标。

（三）分层教育法的构建

分层教育法是近年来兴起的一种全新的教育模式，特别适合大学教育，和高校体育自主教学模式的构建有着良好的切入度。根据目前的教学实践效果来看，分层教育系统是实现和推动自主教育模式发展的强大工具和有效手段。分层教育法的主要特点便在于对学生群体的重新划分，它充分结合了自主学习的特征与客观要求，更加重视学生的个体差异与个体特征，从根本上颠覆了传统体育教育的模式和教学目标，在灵活开放的大学教学环境中特别适用。

在目前的高校体育教育中，体育教育类别的划分往往比较粗略，仅仅是将专业与非专业类的学生进行分类，而大量的非体育专业学生将沿用一个教育模式。除了进行专项培训的学生之外，其余学生统一划为非专业类进行体育教学，采用公共教育课程和体育兴趣选修相结合的模式进行教学。这一模式沿用多年，取得了一定的教学效果，但是面对新世纪素质教育的深入拓展和教学环境的变化，逐渐表现出越来越多的问题。学生的个体意识不断增强，兴趣爱好各不相同，且体育基础和发展锻炼方向各有差异，不仅如此，在非体育专业学生群体中，也不乏对体育运动充满激情，渴望得到专业培训的学生，而传统的划分模式，对这些问题的处理显然心有余而力不足。

（四）建立科学人性化的检测模式

在传统教学中，教学检测是体育教学的末端环节，实际上，每一次教学检测都是对整个教学系统和教学效果的总结与评价，经过总结与分析，可以为后续教学的改进与进一步发展提供有效的支撑依据，因而科学人性化的教学检测模式，对教学模式的实施与发展同样具有重要意义，对自主学习模式而言，亦是如此。在体育教学的检测模式方面，大体上采用的是"评分制"和"及格线"的模式，即根据学生学习的内容设置相应的考试内容，如立定跳远、跳高、百米跑、一千米长跑等，根据学生的测试成绩打分，再判断是否及格。当然，在素质教育不断深化的今天，测试的手段和内容在不断丰富发展，考试的内容也趋于多样化，结合学生实际开设了乒乓球测试、网球测试等项目，同时引入许多先进的体能测试设备，在提升检测准确度的同时提高检测活动的趣味性。可以说，这些措施是行之有效的，相比传统单一生硬的检测模式更加有效生动，但是必须注意，在现代化的检测模式下，"评分制"和"及格线"的模式并未得到根本性的转变。在这一传统模式的影响下，体育教学效果检测受到较大的不利影响。学生的身体机能和体育综合素养存在必然的差别，划分统一的"及格线"显然不够准确和科学；对学生的测试结果，简单地以是否"及格"进行评价，显得太过粗略，对学生后期学习的改进和教学方法的调整并没有明确的指导作用；这种检测评价模式很容易挫伤部分学生的自尊心，从而进一步削弱其参加体育运动的兴趣与热情，甚至对体育教学产生抵触情绪，这对高校的体育教学十分不利。因而，为了完善自主教学模式，高校在体育检测环节应该尝试更加人性化和更加科学的模式，只有这样，才能真正有效地检测自主学习效果，同时为后续学习教学工作的调整提供有效的支撑。

"及格线"这一指标化的模式应该逐步被弱化，针对学生的个体特征和综合身体素养，除基本身体机能测试项目之外，应该更多地和学生学习的课程结合起来，如各类体育运动、参加体育比赛的成绩等。对测试结果，必须和学生的身高、体重等基本身体综合素质紧密结合，由此判断学生的身体机能是否正常，在哪些方面需要加强，后续学习的重点在哪些方面等。这样的测试方式显然更加人性化，充分考虑学生个人身体素质的差异，同时也更加全面和科学。在测试过程中，借助于现代化的各种检测手段、仪器，可以进一步提升测试的趣味性，如阶梯测试仪（用以测试综合身体机能）、身高体重测试仪、肺活量测试仪、跳高测试仪等。在测试过程中，可以尝试将体育检测与学生身体机能的检测结合起来，形成针对学生综合身体素质评判的完善数据，这对高校体育素质教育的推进具有十分重要的意义。测试完成后，"评分制"的模式同样也应该逐步淡化，对学生的测试结果，不再以简单的分数进行表示，而是出自一份详细的检测报告。在报告中，详细列举学生各项检测数据，对比学生的身体要素，指出学生在哪些方面机能正常，值得保持，同时指出学生哪些机能需要加强，并给出改善和运动的建议，同时列举不良生活习惯，呼吁学生克服或改正。这样的检测模式实际上极大扩充了目前体育教学的检测环节，人性化的检测模式在发挥科学检测效果的同时也可以大大拉近学生和体育运动的距离，让学生认识到体育运动和自身身体机能紧密的联系。检测报告给出的数据和分析结果无疑可以有效激发学生进一步自主学习的热情，而报告中给出的建议，则可以成为学生进行后续自主学习的范本与引导性文件，具有很强的实践操作意义。对自主教学系统的完善和形成良性循环，具有不可替代的积极作用。

（五）积极扩展课堂外延

为了发展自主教学，我们必须将体育教学的课堂从单纯的操场分离出来，将普通教室、多媒体教室、网络化教室等元素也引入体育教学。如，跳高的教学，传统教学方式就是教师简单的示范和学生反复的练习，而当中的细节动作和技巧，教师的讲解未必能让学生充分理解，同时有时教师的示范本身就不甚标准。而我们若扩展课堂的外延，在教师简单讲解之后便可在多媒体教室给学生播放跳远比赛的视频，这样的效果更直观，学生也更容易理解。而在教室中我们则可以组织学生讨论，这样可以激发学生的学习热情，从而为自主学习的开展带来便利。不仅如此，开展第二课堂也是发展自主学习的有效方式，我们可以经常开展篮球比赛、乒乓球比赛、羽毛球比赛等活动，这样的活动很容易吸引学生的参加，而为了在比赛中有较好的表现，学生对相应的活动进行精心的准备和大量的练习，在这个过程中不可避免地会对相关的体育知识和技巧进行学习和研究，这其实在很大程度上推动了自主学习的发展。

（六）加强现代科技与自主学习的结合

1. 加强 CAI 系统与体育教学的结合

CAI 也就是计算机辅助教学系统，凭借其强大的多媒体功能和良好的互动性在教学中得到了广泛的运用。体育教学强调身体语言，不论是广播体操、篮球、乒乓球还是羽毛球，都是由一整套复杂连续且节奏较快的动作组成，传统的讲解很难让学生产生直观的印象，也使学生把握不住当中的难点与易错点。而借助 CAI 系统，我们可以给学生播放相关视频，让学生对整套动作和流程有一个非常直观的印象。以广播体操为例，我们可以给学生播放国家体育教育制作的标准动作示范，在此基础之上给学生讲解当中的要点，这样给学生的印象才十分直观。对体操动作当中的难点，我们可以暂停、慢放、定格、反复重放，让学生看清楚，并及时的组织讨论，保证学生能够真正地了解当中的要点。

2. 逐步推广新兴课件化教学系统

课件化教学系统主要由播放设备、投影设备和遥控设备组成，用户群日益庞大，网络资源也十分丰富。以篮球教学为例，篮球运动十分激烈，不论是相关动作还是复杂的规则都不易讲解清楚。对此，我们可以制作形象生动的课件，在课件中融入图像、视频等元素，由于课件系统高度的自创性，因此较 CAI 更加人性化。如，"单手肩上投篮"是一个常用的投篮动作，我们可以在课件中以 flash 的形式对当中的"蹬、伸、屈、拔"等关键性动作进行分解，还可以用 flash 小游戏的形式来让学生进一步加深自己对所学内容的印象。

3. 搭建网络教学平台

网络教学平台并不是新生事物，在我国的高校教育中也得到了较为普遍的推广，利用校园网、学生电脑端口和学校的资源库，学生可以及时地查阅、下载相关信息，并进行教学、考试、报名、缴费等一系列的操作，其便利性和完善性较好，这为体育自主学习模式网络教学平台的搭建提供了良好的基础平台。

网络平台虽然在教学管理和部分学科教学中得到广泛应用，但高校在体育教学领域并没有充分利用网络平台，体育教学很大程度上还是更加重视操场和场地训练的作用。实际上，根据分析可以看出，在自主教学的模式中，教学双方以及学生之间及时有效的沟通交流和资源共享是十分重要的，这贯穿组织引导、学习、过程控制和总结评价这四个子系统，因而高校在这一方面应该充分利用自身已经具备的校园网络软硬件设备，加快构建体育自主学习网络平台。

四、高校体育"三自主"教学模式分析

（一）"三自主"教学的实践过程

实际上，在全国有一部分高校已经开始了这一改革的探索与实践，只是还没有"三自主"教学的称谓，有的称之为选项课，有的叫选修课，有的叫专项课，虽然叫法不同，但基本形式和改革思路大致相同。这项改革现在回头来看，可以说是体育教育思想的一个大转变，是高校体育教学改革的一次大尝试，也是社会发展对体育教育提出的必然要求。

由于绝大多数高校实行的仍然是学年制下的体育教学，在这种教学制度下要完全实施体育教学的"三自主"难度很大，尽管各高校都在努力实现这一目标，进行学生选课的各类尝试，但与真正实现"三自主"教学还有相当的距离。

从这些年实施情况看，多数学校在总的框架和体系上没有根本性突破，实际效果并不理想，与构思和想象相差较远，还有很多问题需要解决。从课程设置来看，也是多种多样，有的是一年级开设基础体育课、二年级开设选修课；有的从一年级入学就开始选；有的第一学期开设体育素质课，从第二学期开始选课；有的学校一年选一次，有的学校一学期选一次；有的学校一选定终身；有的名义是选课，实际上开的是专项课。

（二）高校体育"三自主"教学模式的状况与存在问题

一个人从小学到大学，体育课长达 14 年之久，然而与其他学科相比，体育教学内容很多都是低层次、低水平的重复。大学已属于高等教育层次，而大学体育教的是什么？田径教的是如何跑步，乒乓球教如何发球、如何推挡，排球教如何垫球，游泳、武术更是从零开始。近年来随着学校人数的增加和课程的改革，多数学校体育课时不断减少，导致教学内容越教越少，越讲越简单，试想如果学生每个学期都要选一门新的体育课，他的练习必然是蜻蜓点水，面对体育基础很差的学生，教师的教学不得不停留在低水平的重复上，这种教学对教师教学水平的提高和学生的学习都十分不利。

众所周知，选课还带来一些其他问题，一些对力量、速度、耐力有价值的运动项目，经选择后在大多数学校已不复存在，如田径、体操、武术、游泳等，随之而来的是一些娱乐性项目占据了课堂。加之受条件和多种因素的制约，体育教学难度加大，教学质量和效果难以保证。

（三）高校三自主体育教学模式实践的现状

1.高校实施三自主教学模式的实践现状

在课程设置上，实施与学分制相结合的开放式选项设置。大学体育作为一门公共必修课程，高校一般规定学生必须在一二年级修完 4 学期的体育课程，修满合格后获得 4 个必修课程的学分。在实施三自主体育教学后，尽管学校打破院系、班级建制，组建体育课堂，但是由于受到场地、器材、时间以及班级人数等因素的限制，学生选课的自由度受到一定程度的限制。为解决这一矛盾，部分学校还打破年级限制，允许学生在校学习期间任选 4 个学期修读大学体育课程，只要在毕业前拿到 4 个必修课程的学分即可；

部分学校实施三自主体育教学时，规定在一二年级必修，但是对有发展需要的学生，在三四年级开设非限定性选修课。这些做法能够灵活照顾学生的需要，可以深入贯彻以学生为本、健康第一和终身体育的教学理念。

在项目设置上，多样化与规范并举。自主选择运动项目是三自主体育教学的重要内容之一，但受主客观因素影响，基本上没有高校可以做到由学生完全自主地选择自己所喜爱的学习项目，都是基于学校项目设定范围内的自主选择，但绝大部分高校设定的教学项目都超过10项，课程项目呈现多样化趋势。一般包括篮球、足球、羽毛球、排球、乒乓球、网球等球类项目，武术、太极拳、瑜伽、传统养生等保健类项目，散打、跆拳道、女子防身术等格斗类项目，健美操、体育舞蹈、街舞、艺术体操、形体舞、集体舞等艺术类项目，飞镖、围棋、桥牌、轮滑、定向运动、野外生存、攀岩等时尚休闲类运动项目。各高校充分利用现有的场地器材条件，积极创设条件，尽可能地多满足学生的需求，但是项目细分与多样化也带来了不规范的问题，因此高校也逐渐对项目进行了统一与规范。如将形体舞、街舞、集体舞、体育舞蹈合并统一为大众健美操，将长拳、太极拳、散打合并规范为武术，淘汰飞镖、围棋、桥牌等体育健身价值不高的项目。

在项目教学上，改造与拓展相结合。三自主体育课程教学模式不仅要让学生愿意去学，更致力于使学生学得开心、学有所获，从运动参与、运动技能、身体健康、心理健康、社会适应方面都能得到提高。因此，专项教学需要将学生与教师、学生与学生、学生与社会有机统一起来，实现教师的教与学的结合、教材教学与身体活动结合、教师主导与学生主体结合，建立课内外、校内外有机联系与协调统一的教学体系。这就要求教师要对选项教学内容进行改造与拓展，如对体育锻炼价值较高而受到学生冷落的田径等项目进行改造，这并不是对传统项目教学内容的全盘否定，也不是说田径教学要一味迎合学生的兴趣爱好，而是指对教学内容加以取舍、改造，经过提炼与优化组合后分解到各单元教学中去。对项目教学内容进行拓展，是指引学生从单一地学习专项技能向提高综合体育运动能力方面发展与转变的重要举措。

2.高校实施三自主教学模式的成效

三自主体育教学模式更有利于课程目标的实现。高校体育课程改革的终极目标是使学生的身心健康水平、个性发展需求、合作与竞争意识、社会适应能力得到最大化发展。三自主体育课程教学模式打破原有院系、班级甚至年级与性别的限制，组建新的体育课堂，而且在每学期或者每年一变的新班级中学习，需要学生不断地适应新的群体，在新的群体中交流与合作，进而形成正确的合作与竞争意识，促使社会适应能力不断增强。三自主体育教学模式与以往的教学组织形式相比，最大限度地满足了学生的个性发展需求，使学生在积极的学习心态中主动构建新知，上课时表现出来的自信心、求知欲、表现欲和敢于发挥与创新、敢拼敢闯的精神是传统体育教学无法比拟的，更有利于学生身心健康素质、体质健康水平、综合素质与实践能力的提高。

三自主体育教学模式更有利于发挥教师的特长，激发教师队伍的竞争性。三自主体育教学模式是学生结合自己的运动技术水平与兴趣爱好基础上的选项，教师根据教学需要和自身专长与优势担任教学任务，在这两个前提基础上的教学对教师素质提出了更高的要求。教学班级学生身体素质和技术技能水平较高，学生求知欲与发展欲强，在一定程度上使课堂组织变得轻松，但另一方面在无形中给教师带来了更大的压力和考验。责任心强、教法灵活、战术水平高的教师受到学生的追捧与欢迎，反之将会逐渐被学生淘汰。教师利用自身优势与专长的项目进行教学，使教师能够实现"人尽其才"的自我价值，使其满怀信心、积极主动地参与到课程教学中，极大地推动了体育教学水平和教学质量的提高。因此，三自主体育教学更能不断推动教师学习和提高，鞭策教师进步，建立起一支充满竞争性与发展性的教师队伍。

（四）深化高校三自主体育教学模式的对策

1. 项目分流以解决部分热门项目过于集中的问题

选项制体育教学自实施以来，一直无法避免某些项目过于热门而某些项目无人问津的问题，在三自主教学模式下，这个问题也同样存在。这个问题的解决可以牺牲学生部分的自由性为代价，如可将项目分类，分为大球、小球和其他类（或者其他分类法），规定学生必须分别选一次；也可选择分流学生的选课时间，部分学生在某段时间只能选某部分项目。这两种方法也适用于网络选项，对手工选项方式而言，则再次增加了工作量。

2. 课内外结合与划块以解决体育设施利用集中的问题

高校体育课程的学习时间高度集中，导致紧张的体育设置更显匮乏，如何最大限度地利用好现有的体育设施。具体而言，可以采取以下几点措施：一是可以尝试拓展体育学习时间，将课内体育教学与课外体育活动结合起来，如体育舞蹈、形体课、艺术体操等可以利用夜晚的时间进行，而对高度热门的选项课，还可以利用周末的时间组织；二是在网络选项实施之初先划块，在最大限度利用资源的基础上排定课表，由学生进行选择。

3. 进修与引进相结合以解决师资不足的问题

高校传统体育教学围绕竞技体育主线展开，传统体育院校培养的师资大多以田径和球类为主，导致在面临三自主选项教学时，很多项目出现了师资严重不足和部分项目师资闲置的问题。目前高校在解决师资供需矛盾时，一般采用教师自主学习或者公派进修方式来解决，这种途径简便快捷，部分教师能快速转行，但问题也始终存在。由于系统学习和训练时间不足，导致教学深度不够，有应付之嫌。还有部分高校对紧缺的项目采取人才引进或者外聘的方式，对外聘教师进行合理地考核与监控，也能较好地满足教学需要。

第二节 高校体育合作教学模式

一、体育"合作教学"的涵义

合作教学的研究者从社会学、哲学、教育学和心理学等各个角度研究学习者学习活动中各种因素的作用，从而提出在教学活动中要进行合作教学的理论。在此基础上归纳总结出合作教学的定义：合作教学表述为以合作教学小组为基本形式，系统利用教学动态因素之间的互动，促进学生的学习，以团体成绩为评价标准，共同达成教学目标的教学活动。

具体来讲，合作教学具备三个方面的基本特征：第一，合作教学要以合作教学小组为基本形式，只有通过小组方式才能形成紧密结合的一种学习方式；第二，要利用小组间的互动进行关于教学内容等因素的讨论，在互动交流中发展学生的推理能力、合作意识以及解决问题、人际沟通的各种能力；第三，这种教学模式要以整个小组即团队的成绩为评价标准，其能够有效促进团队成员间的相互合作，改变个人独立学习的学习态度。

二、高校体育教学中合作学习的意义

（一）合作教学能充分体现学生的主体性

传统教学模式下，职业学校的体育教学主要是以教师的"教"为中心，而学生只是一味地去"听"，而合作教学的教学模式改变了这种单一方向的教学形式，将其转变为互动式的教学形式，充分体现出学生的学习主体性特征。合作教学能够给予学生学习的自由空间，更能够在合理分组的基础上促进学生间地沟通与交流。在体育合作教学的模式中，学生利用团队的合作精神能够很好地建立相互间的信任，充分表达自我观点，锻炼思维能力，真正实现以学生为主体的教学思想。

（二）合作教学能促进学生身心的全面发展

体育本身就有促进学生身心健康发展的作用，但是要想真正发挥出体育的这种作用，还要求学生能够进行合作学习。合作教学的教学模式通过小组的合作，加强了相互间的人际交流，能够促进学生在情感上、认知上以及身体上的全面发展，将学生的个体差异融入一个小的集体中，在共同探索和学习讨论中改变着每个人的社会认知。良好的身体素质以及融洽的人际沟通能够使学生减轻体育学习的压力，产生更大的学习兴趣，保持身心健康。

（三）合作教学能够培养学生的团队精神，调动学习主动性

高校体育合作教学模式有助于培养学生的团队精神，充分调动学生学习的主动性。由于合作教学的成绩评估是依据小组团队的整体成绩为标准，所以很容易形成小组内的合作意识，淡化个人的竞争性。但是，同时也提高了小组间的竞争性，学生通过整体的合作来与其他小组形成竞争，个人都不愿意因为自己的原因而拖整个小组的后腿，这就调动了学生学习的主

动性，同时也培养了学生的团队精神，体育赛事中往往最需要团队中每位成员的相互合作。

三、合作教学模式在高校体育选修课中的应用

（一）合作教学的基本原则

1. 以问解答

在高校体育教学中，不断提出问题作为提高教学效果的有效手段之一，不仅加强了与学生的交流与沟通，而且能够时刻掌握学生对教学方法、手段、内容的意见以及学习效率等情况，有利于对存在的问题及时进行适当地调整和改进。因此，在体育教学中要以提出问题为中心，千方百计为学生设计问题情景，让学生在解答问题的过程中寻求合作教学所带来的效益。坚持以问解答原则突出了体育知识技能学习的普遍性。有些动作技术比较复杂，在讲解示范层面不易掌握，必须深入研究、反复练习，才能掌握技术动作的细节。提出问题不仅激发了高校学生深入探究、认真学习的激情，而且可以培养学生的创造性思维，对继续学习相关的体育技术动作具有"迁移"作用。

2. 以灵带活

高校体育选修课教学的主要目的，就是增强学生的体质，促进健康，培养终身体育意识，应对未来的挑战。在这一总体思路下采用合作学习教学模式，要注重教学内容、方法的灵活性，要不拘一格，把所采用的教学策略、教学方法与教学手段放在一个比较轻松的教学环境背景中，开阔学生的思维，使学生敢于交流、勇于沟通。这种沟通不是简单的集体小组讨论，而是建立在提出问题的基础上，深入研究体育技术动作的结构、要领，方式灵活，集思广益，共同思考，以达到共同进步的学习目标。因此，建立

合作教学模式要坚持以灵带活的原则，充分发挥合作教学在高校体育选修课教学中的作用。

3. 体验实践

练习是高校体育课普遍采用的基本学习方法，而且练习在一节课中所占的比重通常比较大。但教学中常常会发现，学生对动作技术的掌握参差不齐。原因在于练习过程中多数学生只注重个体自我思维地发挥，只强调个体对动作技术的理解，而不善于发挥学习小组的力量，抑制了互助合作意识。虽然在此过程中有教师的指导或者纠正抑或同伴的提醒，但促进作用不大，自身的思维定势已确立。合作教学模式注重实践性，这种实践性不是简单的练习方式的运用，而是在井然有序的教学秩序下强调"小组"的作用。由于思维方式被无限扩大，理解空间也就被无限放大了，可以创设多个学习环节和情景，因此，掌握技术动作的效率明显提高。

4. 主动配合

构建合作教学模式要强调师生、生生之间的主动合作，这是学习态度和意识的体现。把学习观点和思维方式全盘托出，互相信任，只有这样才能在深层次上理解动作结构。教学方法、学习方法、教学内容、教学组织等方面都可列入讨论的内容，但同样要求主动配合。有时候也存在各种问题，如班级内部的各种矛盾、师生之间的矛盾等。为了不影响合作教学模式的构建，这些问题必须要妥善解决，以强化主动合作意识，营造一个健康和谐的学习氛围，提高教学效果。

（二）合作教学模式在选修课中的基本功效

近年来，很多高校主要通过开设体育保健课以供学生选择的方式来加以解决，但是仍然有相当一部分学生由于某种原因没有参加这一课程的学习，而是选择了参加室外实践课的学习，这给整个体育课堂教学带来了诸多困难。合作教学模式可以使这样的学生在课堂上分组讨论，理解并掌握与体育相关的保健知识，这对学生自身的协调发展有相当大的益处。

1. 关注个体差异，开拓思维

针对这些学生的性格特点，在体育教学中不断关注个体差异，使体育教学面向全体，在进行分小组合作学习时关注各种不平衡现象，使各种差距不断缩小。在研究讨论时尽可能地发展他们的创造性思维，培养其积极主动参与的意识和分析、解决问题的能力，培养成功性思维。

2. 进行案例分析，培养兴趣

为了尽可能地培养班级课堂学习骨干，很多体育教师会在每小组中安排一名各方面素质都很强的学生担当小组长，在他的领导下进行各种案例分析，特别是那些比较复杂、难于理解或者易犯错误的动作技术。对每个学生的典型示范进行案例分析，提高了学生对技术动作的掌握程度，培养了学生的体育兴趣和参与运动的持久性。

3. 人性化管理，获取自信

合作教学模式体现了"人性化"的管理理念。在学习过程中，整个小组既要面向全体，又要关注个体差异，使每个学生都有参与的机会。机会均等有利于培养全体学生的自信心，这有别于传统的体育教学，在传统体育教学中，这样的"关注度"比较少。小组教学中对个体讨论意见的尊重以及练习时彼此借鉴，有利于学习效率的提高。

（三）体育合作教学模式应注意的问题

1. 体育教学方法的运用

在任何情况下，采用不同形式教学方法的主要目的，都是为了使教学进度和教学效果达到最优化，让不同层次的学生在最短的时间内获得最大的学习成果。无论是传统的教学模式，还是新型的教学模式，在很大程度上运用教学方法的主要目的都是一致的。在合作教学过程中，体育教师往往会运用一些比较先进合理的教学方法，如探究式、讨论式、自主式、启发式、案例式等。这些教学方法深受广大学生的欢迎，取得了相当好的教学效果，学生对运动技能理解、掌握的效率也随之提高。

（1）满足学生心理需要

众所周知，现在的教授群体多是富有独特思维方式的特殊群体，他们在理解世界、感悟社会的过程中对新事物充满了期待和挑战。使用了几十年的传统体育教学方法对他们来说既枯燥又乏味，影响了他们的学习热情。而且实践证明，传统的教学方法在教学效果上不容乐观，学习效率比较低，班级中学生掌握动作技术的速度不尽相同，没有全面开发学生的创造性思维能力。

（2）革新的需要

高校体育教学改革是高等教育教学改革的重要组成部分，而教学方法的改革也是其中非常重要的一部分。改变原有的消极因素，建立新型的积极因素是基本途径。目前，很多高校都在试图建立一套科学合理且行之有效的教学方法，在采用合作学习教学模式的过程中，新型教学方法的运用也体现了该教学模式的时代性和先进性，符合高校体育教学改革的基本需要。

（3）提高教学效率的需要

在合作教学过程中，运用新型教学方法不仅提高了学习伙伴之间的学习热情，而且提高了生生、师生之间的沟通能力，培养了他们对特殊问题采取特殊解决方法的能力，开拓了独立解决问题的基本渠道，为今后课内外体育活动的开展奠定了基础。根据教学目标建立的各小组，可以利用新型的教学方法建立一种信任机制，在脱离教师指导的情况下进行自主练习，互相取长补短，相互信任，根据自身对问题的理解程度构建符合自身实际情况的学习策略，有效地提高了学习效率。

2. 考核成绩的评定

构建合作教学模式最重要的就是如何进行评价，它与传统的体育教学评价方式存在很大的不同。传统的体育教学评价多是跟踪式的教学评价，以课堂教学效果为目标，根据学生对动作技术的掌握程度来进行评定，突出学生个体之间的竞争；而合作教学评价则把个人之间的竞争转化为小组之间的竞争，把计分方式改为小组计分，把小组总体成绩作为奖励或认可的依据，形成了"内部成员合作，外部成员竞争"的新格局，使得整个评价由鼓励个人竞争达标转向鼓励大家合作达标。这种评价以小组成绩为依据，学生能否得到好成绩不仅取决于个体成员的成绩，而且取决于其所在小组成员的总体成绩。合作教学的教学评价使小组成员认识到，小组是一个学习的共同体，个人目标的实现依赖于集体目标的实现，小组成员的共同参与才是合作学习所需要实现的目标。这种评价可以激发小组成员互相帮助，鼓励合作竞争，以实现"不求人人成功，但求人人进步"的教学评价目标。这不仅有利于培养自主学习的习惯，而且还可以培养舒适健康的、高成就动机的教学环境。

3. 体育教学资源的有效开发利用

合作教学模式的最大优势就是能够实现体育教学资源的有效利用。随着城市化进程的推进，城市用地已经受到限制，而高校生源则不断增多，出现了前所未有的场地资源大面积缩水、学生人均活动空间不断缩小、体育场地资源无法满足需要的状况。合作教学模式可以充分利用现有场地资源进行体育教学，由人人拥有器械场地缩减为组组拥有器械场地，不仅显著提高了分配使用率，而且也使学生学会了如何利用有限的资源进行体育锻炼，节省了场地器械，突出了小组合作的优势。在教学过程中，各小组可以根据分组情况以及项目内容对体育场地、器械进行合理分配或再分配，从而使体育教学资源得到合理、有效利用。

三、高校体育合作教学模式的构建

（一）体育合作教学模式的基本要求

1. 合作教学分组

体育合作学习的教学分组主要以组间同质及组内异质进行：组间同质是指各组组间的学生水平基本一致、保持均衡；组内异质是指各组组内成员各方面之间都有一定的差异，主要包括学生性别差异、学生学习成绩差异、学生特长差异、学生体育技能水平差异等方面。体育合作教学的分组还必须考虑学生的兴趣以及意愿。

2. 教学中的教师任务

教师课前在充分了解学生水平的基础上，根据具体教学内容设计相应的教学方法及教学任务，在体育教学过程中进行主导性讲授并对学生进行合作教学指导。

3. 教学中的学生任务

在体育教学过程中学生应根据教师布置的教学任务及要求，以合作教学小组为基本单位，充分发挥主观能动性，采用多种途径，通过集体合作来完成。

4.体育课的开始部分

为提高学生的讲解、组织、示范等方面的能力，以体育合作教学小组为单位，让学生轮流带领其他同学做准备活动。

5.集体讲授课

教师根据不同的教学内容合理安排集体讲授和分组合作教学的时间比例，讲解过程要突出重点、简单明了、注重效率。

6.合作教学小组的课堂活动

教师在学生进行合作教学之前要向学生讲明以下几个方面的问题：只有合作学习小组的学生都完成了教学任务，整个小组的教学任务才算完成。合作教学小组的同学要互相监督，检查同伴完成教学任务的情况，确保都能够完成教学任务。教师在学生进行合作教学时，要进行巡视、观察、记录并适当地进行指导等工作。

7.测试与反馈

学生在完成教学任务后，要进行独立性测试或者进行合作教学小组间的竞赛。教师根据测试或者竞赛的结果进行评价、总结，使学生认识到自己的不足，以便日后改正提高。

8.课后任务

根据教学目标、教学要求合理布置课后复习、预习任务及作业。

（二）体育合作教学模式在体育教学中的应用

1.学生自学

体育合作教学的前提是学生个体学习，练习所学动作技能。体育教师要根据不同的教学内容、教学任务、学生水平等方面制定相应的教学目标。要突出教学的重点难点，要求学生根据教师设计的技能学习流程以及个人所创造的新颖动作进行自学、自练，并根据个人特点选择场地器材。

2. 小组讨论

学生完成自学后，教师要组织学生的小组内讨论，让学生体验成功的喜悦。讨论的时间要根据教学内容、教学难度进行确定，时间不要太长，5～7分钟为宜。在小组合作学习完成后，还可以进行组间交流，教师可以根据学生的交流结果进行总结、补充并适当进行讲评。

3. 学生自主练习

在学生自学、小组讨论、交流以及教师讲评后，学生再进一步地练习提高技术技能，以期取得最佳的学习效果。

4. 学生技能展示

学生在完成动作技能的学习、练习后，每一个小组可以选一个代表，在全体成员面前展示学习成果。

（三）高校体育合作教学模式的构建路径

1. 转变传统体育教学思想，培养学生合作学习意识

高校体育的发展现实要求各高校必须转变传统的体育教学思想，更加重视对学生全面素质的培养，充分认识提升学生合作学习意识的重要性。教学思想是指导教学实施的一个前提和基础，合作教学的思想是根据小组学习中的团体压力和相互间的沟通交流来提升学生的学习主动性、体现学生学习的主体性的。通过小组的合作学习改变传统以教师为主的教学模式，真正让学生成为教学的中心，形成师生间、学生间的动态互动模式，从而相互借鉴、共同学习。

2. 创新设计学生合作学习的过程，进行合理分组

高校体育教学模式在真正实施中，首先要创新性地设计学生合作学习

的过程，即学生按照怎样的方式进行具体的合作学习。要根据教材的内容来制定方案，目的是达到教材中某一时期的教学目标，只有拥有正确的目标才能进行追求；根据每位学生的不同兴趣爱好以及身体状况、体育特长等进行分组，并制定小组的目标，这个目标的制定要符合小组的实际并能使每位同学起到重要的作用。

3.完善体育教学的评价标准，激励合作学习的主动性

高校体育合作教学模式的实施是否收到成效，是否符合教学目的，这都需要拥有一个具体的评价标准，合理的教学评价标准有助于激发学生的学习主动性，也能够为教师提供一个明确的教学方向。合作教学的评价主要包括教师的评价、小组自身的自我评价以及其他小组的评价等，当然最重要的是要将小组视为一个整体进行评价，这样才能构建一个完整的评价体系。教学评价要科学、全面，不能全部否定也不能完全认同，要本着对每位学生有激励作用的原则进行平等的评价，在强调个人对小组重要作用的基础上，肯定每一位成员的进步，并能根据学生的不同基础水平进行不同程度的评价。

（四）运用体育合作学习教学模式应注意的若干问题

1.注意学习中的群体发展

体育合作教学小组的成员是由不同层次体育技能的学生组成，这样的小组构成可以保证小组成员对掌握每个体育知识、体育技能、技术都充分掌握。但是，在合作教学小组进行合作学习时，体育技术技能好并担任小组长的学生，对体育教学过程中的技术技能掌握、理解的比较好并通过在小组内对其他掌握较差的同学进行指导，从而对动作技术技能能够进一步地理解提高；而小组技术技能比较差的同学，由于有较大的依赖性，学习

的主动性较差，导致学习效果不佳。因此，在体育教学过程中，为使每一个学生对体育技术技能的学习都达到最佳的效果。在体育教学的手段和方法的选择方面，要根据学生个体的特点因人而异，创造适合每个学生学习的条件和环境，以取得最佳的教学效果。

2. 注意培养学生的创造能力

在体育合作教学过程中，教师应该给学生更多的选择空间，为学生提供发挥创造性的机会。如，在体育教学目标、体育教学内容、体育教学方法、评价以及同伴等方面提供更多的选择，并培养学生的判断能力以及优选能力等。

3. 注意充分发挥教师的主导作用

由于体育合作教学模式给了学生充分的"自由度"及"自由权"，学生的主动性大大提高，因此要注意"自由"与"随意"之间的区别，避免出现"放羊式"教学的局面。学生在进行合作学习时教师要不断地进行巡视，对学生在学习过程中出现的问题要及时予以指导启发、引导学生解决问题，从而进一步完成体育教学任务，提高运动技术技能。

4. 注意发挥小组长的作用

体育合作教学小组组长在合作教学中发挥着十分重要的作用，因此，体育教师在体育教学中要注意培养一批有较强工作能力的小组长。为调动学生的积极性，可以采用竞争上岗的方式，充分发挥他们的助手作用，协助体育教师共同完成体育教学工作。

5. 注意师生互评促进提高

体育合作教学小组活动评价是体育合作教学的主要特点，也是检验合作教学效果的主要手段。在对学生体育学习成绩的评价方面要把重点放在学生不同程度的进步上，根据进步的程度进行成绩评价，使不同水平的学生在个人的努力下都能得到不同程度的肯定。

四、合作教学模式在高校体育健美操教学中的应用

（一）合作教学模式在高校体育健美操教学中的意义

合作教学模式是自主学习模式的一种形式，针对传统的教学忽视同伴的相互作用的弊端，从教学过程的集体性出发，在课堂教学目标中纳入合作性的团体，以培养学生的合作学习能力。在高校健美操教学中运用合作教学模式具有非常重要的意义。

1.合作教学模式能够为学生创设良好的教学环境和心理环境

在高校体育健美操教学中，由于学生的个性和已有的基础各不相同，因而教师在进行教学设计和安排时要考虑学生的心理特点以及能力水平，注意采用不同的合作方法与形式，以适应不同层次学生的个性发展和兴趣需要。教师也要运用多种手段，积极营造能够引导学生真正主动参与的教学环境，以使学生真正成为教学的主体。

合作教学模式下的教学环境愉轻松愉快，为学生提供了发展个性、展示自我的平台，能够使学生积极主动地学习，保证了学生主体性的发展。平等和谐的教学环境能使学生真正感受到师生之间的平等合作关系，进而产生积极进取的活动和精神。

2.合作教学模式能够使学生更好地掌握健美操的技术技能，进而提高学习成绩

在高校体育健美操教学中，合作教学模式可以使学生在相互学习、相互交流、相互帮助进而共同提高的环境中学习和练习健美操的技术技能。而且，学生在学习的过程中可以依据自身的特点以及对健美操的动作风格

和音乐的理解，在同伴的帮助下，选择适合自己的练习方法和节奏。在健美操教学中运用合作学习模式，还可以使一些能力稍差的学生在和谐的学习氛围以及同伴的帮助下，提高学习效率。

3.合作教学模式能够为学生主体性的发展提供有效的途径

学生主体性水平的提高与发展有助于学生的个性发展以及全面发展，同时也是践行素质教育的主要内容。在合作教学模式下，学生不再是被动的知识受体，而是变成了学习的主体。合作教学模式使学生脱离出受教育的状态，并使他们能够在与教师和同学交往中学会对自我的正确认识、对自我的言行负责以及尊重他人、善待他人等，进而不断发展自己的主体性。

4.合作教学模式能够提高学生的人际交往能力

在合作教学模式下，学生之间大多都是互动的关系，相互依赖、共同学习。这种互动的关系不仅能够使学生学会听取不同的意见，而且能使他们学会相互依靠、相互尊重，共同完成任务的合作意识、合作精神和团队精神；还能使他们提高自身人际交往的能力、处理师生关系的能力、处理同学间关系的能力以及处理个人和集体间关系的能力等。

（二）高校健美操教学中运用合作教学模式的实质

在高校健美操教学中，合作教学模式就是在教师的组织和主导下，学生之间在学习上建立起相互帮助、共同提高的合作学习关系。作为健美操教学活动的主要参与者，学生不仅要在教学过程中学习到健美操知识，也要将健美操知识在观察、练习和分析等活动中转化成一种技能，进而形成以能力为核心的健美操素质。

在高校体育健美操教学中运用合作学习模式，强调充分发挥学生的主体作用，但教师的主导作用也绝对不能忽视。作为健美操教学活动的主导者，教师要依据学生的年龄和心理特点以及他们学习的需要来确定自己的教学方式与教学方法，并积极构建学生自主学习的教学模式，开展活泼生动的教学模式和综合性的操作活动，以便使学生能够通过这些活动来学习如何分析和解决问题，进而使学生的个性以及创造能力得到充分发挥。唯有这样，才能在教学活动中使学生的实践性、自主性以及创新性的品质得到全面的培养与发展，这就是在高校体育健美操教学中运用合作教学模式的实质。

（三）高校健美操教学中合作教学模式的目标设计

高校健美操教学中合作教学模式的目标应从知识目标、能力目标和德育目标三个方面进行设计：设计合作教学模式的知识目标时，应按照教学的要求、依据学生的特点和已有的水平、遵循学生学习的规律来进行拟定，并使学生能够通过合作学习的方式来实现知识目标；设计合作教学模式的能力目标时，要注重培养学生的示范讲解能力、组织指挥能力、动作表现能力、编排创新能力以及灵活运用教法的能力等；设计合作教学模式的德育目标时，要注重对学生进行集体主义方面的教育，并使学生能够在合作学习中养成合作意识、群体意识，学会互相帮助、互相关心，树立严谨求实、精益求精、勤奋创新的学习态度，进而逐步养成良好的道德品质。

（四）高校体育健美操教学中运用合作教学模式的原则

1.导练结合原则

学生的"练"离不开教师的"导"。教师通过"导"，学生可以更快地进入教学环境，并及时在小组学习中发现问题、解决问题，更好地掌握正确的健美操技术技能。

2. 合理分组原则

教师要在对学生全面了解的基础上，依据本堂课的练习情况，对学生进行异质分组，即按照能力的均匀搭配原则对学生进行合理的分组，顺利开展活动。

3. 适时点评原则

在运用合作教学模式进行高校体育健美操教学时，教师要在小组合作学习一段时间后，及时组织各组进行演练，并针对演练中出现的问题提出自己的意见和建议。

第三节　高校体育俱乐部教学模式

一、体育俱乐部教学模式的概念

体育俱乐部教学是由学生自主选择教师，同时根据教学条件开设相应的项目，系统学习该项目的原理与方法、组织与欣赏等方面的知识与能力培养的方法，从而达到真正掌握一至两项终身从事体育锻炼运动项目的一种教学模式。体育俱乐部教学注重培养学生的体育兴趣，提高学生的体育能力，以教学俱乐部形式进行教学。这种方式的教学注重知识性和趣味性、理论和实际相结合，发挥学生的主观能动性和创造性，让学生积极参与，使学生在体育锻炼中体验到快乐感、成就感，达到培养学生参加体育锻炼的意识、提高学生运动能力的目的。学校体育俱乐部式教学模式是以培养学生终身体育意识、习惯和能力为主的教学方式，它能够把学校体育与社会体育实现有效地衔接，并最终使高校体育向终身化方向发展。

二、体育俱乐部教学的特点

（一）课外体育俱乐部教学模式

课外体育俱乐部是高校体育俱乐部教学的最早形式，它作为高校体育课的延伸和补充，其以拓展学校体育功能，培养学生拥有良好的体育习惯和行为为主要目标。课内体育俱乐部模式是近几年我国高校体育教学改革的一个热点课题，它以现代的教育思想和教育理论为依托，充分体现人本主义的教育理念，以构建现代大学体育新的学习方式为目标。课内外结合的体育俱乐部是伴随着高校素质教育的兴起，以培养学生的整体教育观为出发点，提出课内课外一体化的体育管理模式，它以终身教育思想为指导，以培养适应学习型社会的能力为目标。

1.课外体育俱乐部教学模式的组织形式特点

课外体育教学俱乐部是活跃于高校体育课堂之外的一支重要力量，其组织形式包括：兴趣学生自由组合、学生团体或社团组织、体育部组织、体育教师个人组织、社会单位与个人组织等。其中，学生团体或社团组织和爱好者自由组织是群众团体，按规定需要校团委批准和备案，其他组织形式则归属于体育部管理的范畴。但是，不论是哪种组织形式都有其共同的特点：俱乐部大多面向一至三年级的全体同学，学生根据自身的爱好，自愿参加，活动不分班级和年级。活动内容和过程不受体育教学大纲和学校教学进度的制约，大多围绕展示表演和比赛展开。俱乐部活动时间分为固定或不固定两种类型，由俱乐部单独决定。俱乐部大多采用会员制，参与者需缴纳一定的会员费。

2.课外体育俱乐部教学模式的优点及存在的不足

高校各种类型的体育俱乐部（体育单项协会）和其他校园文化组织一

起发挥着丰富高校校园文化的作用，由于它面向开放的是高校全部年级的学生，因此，其可以一定程度上填补已经不上体育课学生的体育锻炼需求。体育俱乐部活动围绕校园文化节、社团活动月等活动展开，高校体育俱乐部项目有的是学生课内学过的，有的则是在练习过程中习得，有的是聘请老师指导所得，有的则是学生中的一些特长生自行指导，体育锻炼效果参差不齐。在体育俱乐部活动场地使用方面，由于所属部门的原因需与体育部相互协调，在协调过程中有时会出现权责不清的问题。以上各种不利因素，导致俱乐部的体育活动受到极大的限制，不能全面展开。

体育俱乐部开设的体育项目大多是体育课堂教学中的运动项目，其可以作为体育课的延伸和补充。对此种类型的体育俱乐部，在划分其所属俱乐部的形式时，应该将这部分划归到课内外一体化体育教学俱乐部的范畴，但需对体育俱乐部的管理做出进一步的规划，以实现真正的课内外一体化。

（二）课内体育俱乐部教学模式

课内体育教学俱乐部是建立在体育教学模式基础上的体育教学形式，其将现代高校体育教学理论融入高校体育课堂，从思想、组织、形式、方法、评价等五个方面进行全面、系统的更新，改变高校体育教学传统的班级授课制，在课堂内提倡开放性、自主性、自由性、随机性，学生的课堂学习完全是一种主动积极的行为，体育教师只需承担设计、辅导、检查、指导四个方面的教学任务，此种模式彻底改变了传统的体育教学模式，学生与教师的角色亦发生了根本性的变化。

课内体育俱乐部是伴随着高校体育教学的改革，而适时出现的具有尝试性的研究课题。虽然部分高校已经建立了课内体育俱乐部教学模式，但由于学生和教师认识上的偏差，以及高校体育课程环境的差异，课内体育俱乐部教学模式相关实施方法仍然得不到推广和应用，因此还没有完全普及。

1. 课内体育俱乐部教学模式的组织形式特点

课内体育俱乐部教学模式打破了原有班级的限制，由学生根据自身特点选择体育运动项目与运动时间，并与体育教师合作完成体育教学。按照教育部高等教育的相关规定，体育课是高校一、二年级大学生的必修课之一，因此，高校开展体育俱乐部教学的对象大多数是大学一、二年级的学生。课内体育俱乐部教学模式在具体实施过程中，通常有两种情况出现：第一，部分高校采用一年级以上统一的基础体育课，如田径、武术等体育课程，在大学二年级才开始开设俱乐部课。第二，部分高校从大一新生一入学便开展俱乐部体育课，但大多数在二年级时又重新选择运动项目，并开展俱乐部体育课。对上述问题，相关学者进行了研究，并指出我国中学和高校体育存在脱节的现象，所以有必要在大学一年级对学生进行基础体育教学，以便提高学生的体育综合素质，为学生进入高层次的俱乐部学习奠定基础。但是，在具体教学过程中，采用哪种形式比较有效尚没有定论，还有待进行更为深入的研究。

2. 课内体育俱乐部教学模式的教学内容特点

高校课内体育俱乐部开设的项目包括乒乓球、羽毛球、篮球、网球、足球、武术、跆拳道、台球、垒球、太极拳、女子防身术、健美操、体育舞蹈等体育类别。通常情况下，各高校需要根据本校的软硬件设施，合理选取部分项目开设课内体育俱乐部，这也决定各高校在俱乐部体育项目的设置方面存在着较大的差异。

3. 课内体育俱乐部教学模式的上课时间特点

参加课内体育俱乐部的学生不分班级，按照同一年级内班组的共同形式上体育课。学生上课时间相对固定，每周安排两个课时，排入课表，相关学生必须参加。此种形式的俱乐部完全由学生根据自身条件选择上课内容，对部分学校而言，在专业教师、硬件设施方面难以完全满足全体俱乐部成员的要求，在实际操作过程中难度较大，很难实现。

4.课内体育俱乐部教学模式的优势与存在的问题

课内体育俱乐部教学模式的优势相对传统体育课教学模式而言，其更加强调以人为本的精神。因为学生是根据自身的兴趣爱好进行选择，上课意愿较强，学生积极性高，同时还能促进学生积极主动学习，提高自我评价和相互评价的能力。对体育老师来讲，该种模式避免了教师要按照学校制定的规范课程上课和自身体育专业不对口的问题。教师可以充分发挥自己的专业特长，提高教学的积极性，调动上课的热情。但是，体育教师应该在教学过程中重视理论与实践的紧密结合，在运动实践教学中渗透相关理论知识和体育健身锻炼方法，并运用多种形式和现代教学手段，扩大体育的知识面，提高学生的认知能力。避免单纯以传授体育技术、技能和以教师为中心的教学观念。

单纯的课内教学俱乐部无法实现培养学生终身体育意识，以及帮助学生养成终身体育锻炼习惯的目的。同时，由于该模式面向开放的对象仅限一、二年级学生，无形中将三、四年级的学生排除在外。教师如果在课外时间对学生的锻炼活动没有做出明确的指导，会使部分学生放弃体育，因而要注重学生课外时间的体育锻炼，以此来促成在校大学生养成真正的体育锻炼习惯，进而培养学生终身体育锻炼的行为习惯。

（三）课内外一体化体育俱乐部教学模式

高校课内外一体化体育俱乐部教学模式是高校体育教学中的一种体育

文化现象，是具有相同体育兴趣爱好的大学生，基于自我发展与完善的需要，自由选择体育活动项目，并且结成具有社团性质的体育团体。通过体育教师的指导，学生根据自身特点自主选择体育课程内容，自主选择体育教师，自主选择上课时间，再形成有组织的课外体育活动团体，营造生动、活泼、主动的校园体育文化氛围，使高校体育教学与课余体育活动保持连续性和统一性。课内外一体化体育俱乐部教学模式的特点是学生拥有三自主，即自主选择学习项目，自主选择任课教师，自主选择上课时间。学生自己确立目标，自己评价，使自己由被动学习者变为主动参与者，形成良好的体育素养和健身意识，建立终身体育的观念。

课内外一体化体育俱乐部教学模式是以学校体育场馆为依托，在"健康第一"和"终身体育"思想的指导下，为实现学生生理、心理和社会三个不同层面的目标而设计的体育教学模式。其也是以学生自主选择俱乐部为基础，综合运用各种教学策略与方法，将课内体育教学与课外体育活动融会贯通的一种体育教学模式，它既承担课内体育课堂教学任务，又兼顾课外余暇体育锻炼、群体竞赛和业余训练功能。

1.课内外一体化体育俱乐部教学模式的组织结构特点

每个教学俱乐部设立主要负责人一名（体育教师），指导教师若干名，次要负责人一名（一、二年级学生），相关办公人员若干名（一、二年级学生），志愿者若干名（三、四年级学生）和其他人员。俱乐部主要负责人负责处理俱乐部的申请，宏观把握俱乐部的计划安排，并和指导教师同时负责完成课堂教学和指导副主席组织管理会员的课外活动。俱乐部次要负责人负责组织管理会员的课外活动。其他人员的主要任务是协助完成指导教师下达的具体任务。

2. 课内外一体化体育俱乐部教学模式的内容及安排特点

各学校需根据自身的实际情况开设多个单项俱乐部，这部分内容与上文提到的课内体育俱乐部教学模式一致。课内外一体化体育俱乐部的活动内容主要包括两个环节：一是课内内容，二是课外内容。课内教学内容安排以传授体育与健康的体育基础理论知识、体育专项运动的基本技术、体育技能及其理论知识、体育单项运动的裁判知识以及观看组织比赛等方面的内容为主。课外内容则主要以组织学生进行专项锻炼、表演和比赛为主，通过学生参与组织管理来实现体育知识的运用与实践，从而进一步培养学生终身参与体育运动的意识。

3. 课内外一体化体育俱乐部教学模式的优势及存在的问题

高校体育教学实行课内外一体化俱乐部教学模式可将课内外融会贯通，紧密结合，相互统一。不仅可以便于学生系统性掌握体育运动的基本知识和相关技能，更好地掌握锻炼方法，取得良好的体育锻炼效果，有效地增强学生的身体素质，提升全体学生的健康水平，而且还能满足学生的运动需求，培养学生的个性，养成锻炼习惯，提高体育运动能力和技术水平，为终身体育打下良好基础。学生通过在活动过程中参与组织与管理，使得学生的主观能动性得到加强，组织管理能力亦得到提高，学生在管理与被管理过程中的协作能力也有所提升，最终使学生的团结协作精神得到加强。由于高校的学生有着不同的专业，就业后会分布在各行各业，他们良好的体育锻炼习惯可以促进甚至带动整个社会体育的快速发展。

学生对开设项目的内容不甚了解，导致学生在选择体育项目时产生盲从心理，这需要学校做好各个体育俱乐部的宣传工作，使学生对该俱乐部有一定程度的认识和了解。教师要做好引导工作，避免出现学生过度集中于某一俱乐部，导致管理上、教学上诸多问题的发生。各个俱乐部在考试评分时要把握分数的高低原则，避免出现学生想向分高的俱乐部流动的情况。

三、高校体育俱乐部的管理原则

（一）以生为本

第一，高校体育俱乐部的运作目标就是为学生提供职业化的服务，因此，在组织各种体育锻炼和各种竞赛互动时，要倾听学生的心声，要把握学生的心理，要明确学生的体育运动需求，唤起他们的体育运动热情。这样学生才会积极地参与到体育俱乐部的各项活动中去，才能让高校体育俱乐部的发展有扎实的学生基础。

第二，高校体育俱乐部的发展和管理要以学生的健康运动为设计原则，在组织各项体育锻炼和活动时要充分考虑其是否有利于学生身心健康的全面发展，要考虑学生的身体素质，并针对不同身体素质的学生设定科学合理的运动量，避免损害部分学生的身体健康。

第三，高校体育俱乐部管理中要充分保证学生的人身安全，对部分有安全隐患的体育项目要进行严格审查，要检查体育器材，要让教练指导学生的动作要领。还应采取一定的保护措施，避免对学生的人身造成伤害。

（二）一体化原则

无论是课内体育俱乐部、课外体育俱乐部，还是课内外一体化体育俱乐部，或是竞技体育俱乐部，都必须遵循统一规划的原则，建立健全逐级监督制度。

由主管体育工作的学校领导负责各种体育俱乐部总体规划的制定，同时负责督促检查体育俱乐部的工作安排。体育俱乐部主任主要负责俱乐部工作计划进度的安排，检查每位老师工作的执行情况。各位老师要完成本人的工作计划，建立每一个同学的详细档案，以备查询。俱乐部里的学生体育骨干则主要负责召集体育俱乐部成员参加体育活动，完成具体的管理工作，如，组织各种教学比赛、裁判员工作以及监督学生的体育活动完成情况等，从而在俱乐部里起到模范带头作用。

（三）层次化原则

因为受先天条件的制约，学生个体的身体素质存在较大差异。教师应该针对不同学生的身体状况而采用一种科学的、定量化的体育锻炼方法，这就是运动式教学法。无论是课内体育俱乐部、课外体育俱乐部，还是课内外结合体育俱乐部，其在具体课程的设置上必须遵循循序渐进的原则。通过采用分层教学，帮助学生由浅入深、循序渐进地掌握该体育项目的知识和技能。每一级的教学层次都应有与之相对应的教学大纲、教学要求和切实可行的教学模式，从而根据不同层次学生的运动水平，指导学生达到该体育运动项目的等级，目的是引导学生在学习中有一种"爬楼梯"感觉，激励学生"更上一层楼"，从而完成预定的体育教学目标。

四、高校体育俱乐部的管理途径

（一）高校体育俱乐部管理的"三步走"措施

1. 第一步

高校体育俱乐部要走出资金困难的境况，要拓展经费来源渠道。资金问题是制约高校体育俱乐部发展的首要问题，学校要拓宽资金筹集渠道，要改变过去单一的依靠学校财政支持和学生交纳会费筹集经费的形式，要积极寻找更多的资金来源渠道。各高校要重视体育俱乐部建设，要把体育俱乐部作为高校体育事业的重要组成部分，要成立专项资金应用于体育俱乐部的运营管理，要做到专款专用，保证体育俱乐部的日常正常开支。学校要成立体育俱乐部管理运营领导小组，保证对体育俱乐部日常活动的指导监督。高校体育俱乐部要利用自己作为一个组织的优势，到社会上多方筹措资金，如寻找企业提供赞助。高校体育俱乐部要以这些企业为突破口，和他们寻求合作，让企业在体育俱乐部举行大型体育竞赛时提供必要的资金赞助，或者器材、设备赞助等，甚至可以经过洽谈建立长期的合作关系，这样也可缓解体育俱乐部运营的资金压力。

2. 第二步

高校体育俱乐部在发展过程中面临诸多问题，尤其在资金不充裕、设备不完善的情况下，提高高校体育俱乐部的管理水平就显得尤为重要。不合理的管理可能造成高校体育俱乐部的运营处于无序状态，并会导致各项体育活动的开展受阻。因此，必须建立科学的体育俱乐部管理制度，首先要建立一个领导小组，这个领导小组由体育主管及主要体育老师和俱乐部的管理人员、俱乐部的教练人员共同组成，这样可以及时了解体育俱乐部的运营情况，可以及时作出判断，亦可弥补只依靠体育俱乐部成员管理的漏洞。高校体育俱乐部既然是为学生服务的，那么可以在体育俱乐部内部设置专门的"学生岗位"，让学生参与到体育俱乐部的日常管理中来，学生有独特的视角，他们会为俱乐部的发展谏言献策。也可以从学生的角度出发对俱乐部的发展提出建议，这样既能锻炼学生，又能了解学生的实际需求，可以保证高校体育俱乐部的健康发展。高校体育俱乐部在运营过程中可以适当引进商业化的运作模式，可以把提供有形服务作为俱乐部管理的一部分，保证管理模式的与时俱进。

3.第三步

部分学校因为资金短缺和其他方面的问题，体育基础设施尚不够完善，现有体育场地仍然难以满足所有学生的运动需求，在这种形势下，高校体育俱乐部要发挥自己作为俱乐部管理者的作用，要加强对现有体育基础设施的管理和调配。高校体育俱乐部在日常运营和各项体育竞赛进行前，既要进行统筹安排，也要提高体育基础设备的利用率。可以在一个体育场地内进行区域划分，开展多种类型的体育活动，以解决高校体育场地不足的问题，提前对学生进行体育运动所用到的场地进行安排，避免在实际体育项目的开展中出现冲突现象。高校体育俱乐部要研究学校现有体育设施和运动场地存在的问题，要将其写成报告呈交给学校，要呼吁学校有关部门着手解决设施问题。俱乐部可以制定一份长远发展规划，让学校有步骤、有计划地扩大体育基础设施建设，努力做到循序渐进。

在高校体育俱乐部教学模式下，学校更要关注学生的发展，更应注重发挥学生的主体性地位，它倡导学生自由选择体育教学项目、自由选择体育锻炼方式，并进行自主锻炼。在体育俱乐部教学模式下，学生的思维能够被彻底解放，会激发他们体育锻炼的兴趣，让他们乐于参加体育健身运动。

（二）加强高校体育俱乐部的内部系统管理

高校体育部在建立、健全俱乐部内容的各种规章制度后应加强内部管理。高校体育俱乐部在各种规章制度下施行各种管理手段，使高校俱乐部处在有效的管理过程之中。即在规章制度规定的范围内开展各种文体活动，使高校俱乐部的在管理中形成良性循环的监督机制、约束机制、激励机制。要加强高校体育俱乐部的内部系统管理，首先要制定体育俱乐部的管理目标。这一目标应由所有的管理者和会员共同参与与制定，并制定好目标后要在俱乐部实施的过程中努力完成。俱乐部制定的管理目标要与大学生会员的实际情况相符合，所以制定的管理目标应该具有适合性、具体性、可操作性和超前性。加强体育俱乐部学生的人力资源的管理。体育俱乐部应充分调动学生参加大学生体育俱乐部的主动性和积极性，发挥学生的各种专长，特别是发挥具有体育特长的大学生的骨干作用，有利于协助俱乐部的管理。再次，高校体育俱乐部应实行有效的激励和约束机制。对大学生参与体育俱乐部管理有贡献的应该进行激励，从而促进大学生的积极性。最后，从中提高学生管理才能。而对不按照规章制度办事的学生应该进行批评与教育，使高校体育俱乐部能按照既定目标良性运行。

（三）以体育设施为依托，积极拓展经费来源渠道

高校体育俱乐部教学模式的开展必须有完善的体育基础设施和充足的运作资金作保证。因此，各高校在体育俱乐部建设过程中应利用有限资金建设学校最紧缺、最急需的体育设施，并对一些年久失修的体育场馆设施进行维修。科学有效地进行管理，合理利用体育场馆，以确保学校体育俱乐部教学的顺利开展。学校应该加大在体育教育方面的资金支持，以学校体育设施为依托，尝试吸收周边外来群众定期、定点、定时地以俱乐部会员的身份来校进行体育锻炼，收取一定活动费用，或者与校外企业建立合作关系，招商引资，积极举办一些赛事，通过各种途径解决体育俱乐部教学经费短缺的问题。

（四）高校体育俱乐部管理的制度保证

高校体育俱乐部的管理应树立"健康第一"的管理目标，遵循"以学生为本"的管理原则，认真贯彻"促进学生身心健康"的俱乐部管理行为。

因此，学校应制定各种有效的体育俱乐部管理规章制度，但需正确处理俱乐部管理规章制度与国家法律、法规的关系，在法律制度的基础上制定切合实际的各种制度细则。高校体育俱乐部的管理制度应当根据大学生和体育俱乐部的特点，同时也必须与国家的相关法律、法规相匹配，并与之相协调。学校制定的管理规章制度，应当具有良好的可操作性。要正确处理好高校体育俱乐部的健康发展与加强监督管理的关系，从而促进高校体育俱乐部的良性、高速发展。

五、俱乐部式的体育活动运作方式与管理

（一）体育俱乐部运作方式的理论定位

长期以来，人们习惯把体育俱乐部活动看成是课堂体育课的延伸和补充，其属于体育课，为体育课教学服务。在这种思想观念的影响下，安排课外体育活动只需考虑它的延伸性，体育课练习什么，课外体育活动就练习什么，以致忽视学生对体育运动的兴趣和实际需要，忽视学生的个性发展。传统体育课程教学的运作方式过于注重统一时间、统一内容、统一要求，过分强调集体化、统一化、规范化，很少考虑学生个性的差异。而体育俱乐部教学模式将使学生个性得到充分发展，学生在自选活动中充分发挥自己的兴趣爱好及运动的潜力。

结合我国高校实施体育俱乐部教学模式的实践经验，笔者认为体育俱乐部教学模式是学生自愿利用业余时间参加，在一定的条件下，采取学校公体部自办或公体与社会联办及学生自办俱乐部的运作方式，学生自愿参加的体育活动形式，其旨在提高学生的健康水平，是学生养成终身体育锻炼习惯的活动形式。该种运作方式是体育课堂教学课内外一体化的体现和延伸，其与高校大学体育健康课程之内的选项活动课程（第二课堂）等活

动一样，构成了培养目标任务的一种教育手段，是学生借以完成身体练习、体育实践的重要手段。

目前，世界许多国家的高校体育教学中，都在一定程度上使用了体育俱乐部教学模式，体育教学既包括选修课程，也包括必修课程。既有以竞技运动为主的体育运动俱乐部，也有以娱乐为主的体育娱乐俱乐部以及以健身为主的体育健身俱乐部。我国高校要想把俱乐部教学体制发展为教学、娱乐、训练竞赛为一体的教学模式，仍然存在一些困难。体育俱乐部教学模式的实质是面向全体学生，通过学生自主选择学习内容来满足自身的发展要求，发展自身的能力，在一种和谐、民主、融洽、轻松的教育活动环境中使身体得到全面、均衡的发展。这种新型的体育教学活动模式具有丰富的内涵，它首先表现在教育目标的导向上，面向全体学生，根据每一个学生的身心特点，用符合教育规律和学生身心发展规律的办法，对学生进行正确的引导，促使每一个学生通过体育活动使个性获得成功的发展；体育俱乐部教学模式形成了真正以学生为主体，以教师为辅导的体育教学气氛；体育俱乐部教学模式实现了教学内容的多样性，学生可以自主选择自己喜爱的活动内容，这样将充分调动学生的主动能动性，树立终身体育意识，活跃校园气氛，使学生身心健康、体育素养、整体素质得到全面、均衡的发展。

（二）高校体育俱乐部管理理论依据及方案

为了达到切实可行地帮助学生选择终身受益的几项发展效果好，学生乐意接受的体育锻炼项目，达到长期锻炼身体，增强体质的目的，使学生将来走向工作岗位后不至于丢失参加体育锻炼的习惯。有条件的学校在实施体育俱乐部教学时，促进课外体育俱乐部的发展也是十分关键的一步，条件欠完善的学校也应逐步走向课外体育俱乐部的方向，这样学生才能真正根据自己的兴趣爱好、身体状况、体育与专项特长等因素自由选择各项体育俱乐部。根据体育课堂内外的实际需要及学校自身的人力、物力、财力等情况来开设下属体育俱乐部实体，同时，对各下属体育俱乐部所开设的体育课程进行调节管理。

无论采取哪种形式的体育俱乐部，都必须遵循实事求是的原则进行管理，根据各高校的需要及特点制定出一套切实可行的管理方案。经过专家的研究及实践，高校体育俱乐部运作管理包括以下几个方面的内容。

第一，无论是课外体育俱乐部，还是课外教学俱乐部都离不开"中心"。体育俱乐部应设立"中心"，以对体育俱乐部的运作进行实时监控，"中心"不但对全体俱乐部成员实行聘任制，进行考核，而且根据需要与可能，对各俱乐部成员进行宏观调控。根据"中心"的具体规定，对体育俱乐部的活动经费、教学酬金、奖金和创收经费进行合理分配，场馆使用权归俱乐部，大型活动由"中心"协调安排，尊重和维护各俱乐部的自主选择和运行权限。

第二，给予学生自主选择权，为学生营造轻松、愉快的运动气氛。体育俱乐部实行会员制，面向全体学生，实行全天开放。学生既是课堂的主要受众又是俱乐部的重要会员，而且都由学生自主选择体育课程、上课类型、上课教师、上课时间，除主修一个俱乐部的课程外，还可以辅修其他体育课程。

第三，完善体育俱乐部授课机制，改变学生年级选项授课制度，实行跨年级授课方式，按课程分初、中、高班，按照学生的不同层次组织教学，使学生在不同的起点上，达到共同提高的目的。

第四，运用"大学生体育考核手册"管理办法，实行教学"出满勤"

授课制学生上课和参加考试、测试等活动，必须持相关手册由体育教师填写登记，要求学生必须完成计划学时数，方可参加考试。考试采取开放式，实行考教分离。

六、高校体育俱乐部的具体教学模式分析

（一）高校体育俱乐部课内外一体化教学模式

1.高校体育俱乐部课内外一体化教学模式的作用

（1）有利于体育俱乐部教学课程的改革

高校选择的体育课程应具有实用性并便于教学，还应尽可能地开设时尚体育项目，有利于学生毕业后进行自我锻炼以及学生的职业发展。在教学目标的定位上，应明确定位运动参与目标、运动技能目标、身体健康目标、心理健康目标以及社会适应目标等五个方面的目标体系。在教学用书的选择上，在重视传统体育项目的同时，适当选择新兴、热门的体育运动项目。还需注重学生自主学习、自我监测以及自我锻炼等方面的能力，着重培养学生的终身体育意识和体育运动参与习惯。针对体育基础好、运动能力较强、学习求知欲较强的学生，可以开设课外体育辅导课和运动训练课，开展校内外体育文化交流，培养学生对体育运动的兴趣，提高学生自主学习能力，促进专项技能得到质的提高，满足学生个性化的体育运动需求。对高年级学生，可以开设健身类、健康类和休闲类体育运动课程，使学生认识到增强自身体质的长期效应，树立正确的体育生活方式，养成健康的体育行为习惯，保证体育教学长期不间断。

（2）可以激发学生参加体育健身的兴趣

体育俱乐部制教学改革的重要环节就是打破传统的"三段式"体育教学模式，促使体育教学模式更加灵活。根据学生体育锻炼的兴趣、爱好和

实际需要，并结合本校的体育基础设施以及体育教师的教学水平等主客观条件，停止向学生讲授一些枯燥乏味且学生选课较少的课程，同时增设符合大学生实际需求的体育运动项目，如足球、跆拳道、街舞、钢管舞、篮球等体育项目。学生可以根据自身的实际情况和喜好选择相应的体育课进行学习，使学生从内心深处自发地对体育课、体育锻炼产生浓厚的兴趣，而不是被动地接受老师的灌输。学生只要有了浓厚的学习兴趣，体育课堂的气氛才会变得更加轻松、愉快与和谐。学校各体育俱乐部每学期还应定期举行各种形式的课内外比赛活动，以期达到既丰富学生的业余文化生活，又提高学生体育锻炼兴趣的目的。

（3）有利于教师对课外体育活动的合理指导

体育俱乐部课内外一体化教学模式的积极作用主要在于其能够将体育课堂内的体育知识延伸至体育课堂以外的部分，实现高校体育教学影响范围的最大化。教师通过这种模式可以间接的影响体育课堂外的活动，甚至可以直接指导学生进行体育课外活动。体育教师参与课外体育活动指导的频率意味学校对课外体育活动的关注度和支持度，教师参与学生课外体育活动的主要形式是指导学生的体育俱乐部或者是体育社团，还有的是指导为参加体育竞赛而组成的学生体育训练队，而多数学生则希望教师参与课外体育活动的指导。体育教学俱乐部中的学生认为教师参与活动的时间足够，能给予学生全方位、科学的辅导。体育教学俱乐部中的学生对教师的课外活动指导普遍认为足够用，从而提升了学生对课外体育活动的兴趣。由于体育教师总是及时的到场对学生的相关问题进行合理解决，这也可以激发学生参与课外体育活动的兴趣。

（4）充分贯彻终身体育的教育思想

在高校体育教学过程中，引入课内外一体化体育俱乐部教学模式符合终身体育的要求，有利于现代高校体育的持续、协调发展，课内外一体化体育俱乐部模式的教学是通过教师集中指导、学生分散练习的方式实现的，其作为高校体育课堂教学的外延和补充，能够极大提高学生的积极性和主动性，调动学生参与体育学习和课外体育运动的兴趣和能力。在具体教学内容选择上，其也能体现学生的需求和兴趣，调动学生的运动热情。体育运动健身不可能"毕其功于一役"，需要在长期的生活、学习过程中持久坚持，课内外一体化的体育俱乐部教学模式以学生为中心，实现学习内容和训练任务与体育课堂教学的融合，极大地推动了学生在掌握体育知识、运动技能的过程中，逐渐养成终身体育的意识，并培养终身坚持体育健身的习惯。

2.高校体育俱乐部课内外一体化教学模式的构建

从教学模式概念和构成的角度来看，一个完整的课内外一体化教学模式，主要包含体育教学指导思想、教学目标、教学组织管理、课程教材、教学方法、教学结构程序以及教学评价等内容。

（1）体育教学指导思想

高校体育教学指导思想是指对体育教学的意义、内容以及方法的认识和理解，其对体育教学起统领引导的作用。体育俱乐部课内外一体化教学模式的指导思想在于注重学生个体的差异，注重培养学生的体育兴趣与爱好、养成体育锻炼的习惯、增强体质以及提高体育技能。

（2）体育教学目标

体育教学目标是指在一定时间和空间内，体育教师和学生经过努力后所要达到的教学结果的层次、规格或状态，其是高校体育教学的出发点和最终归宿，并决定着体育教学的发展变革方向。体育教学目标制定的是否合理清晰，将对整个高校体育教学过程会产生直接、深远的影响，也对整个体育教学的发展方向起着指引性的作用。体育俱乐部课内外一体化教学模式主要包括课内和课外两大部分，但这两部分的总体教学目标是统一的，具体而言，此两部分的具体目标如下：第一，帮助学生形成正确的体育价值观，树立终身体育观念，养成长期的体育锻炼习惯。第二，帮助学生掌握一定的体育专项理论知识和运动技能，增强学生的身体素质。第三，帮助发展学生的个性，提高学生的创新能力和体育实践能力，全面提高学生的整体素质。

（3）体育教学的组织与管理

科学合理的管理机制是体育俱乐部课内外一体化教学模式保持规范运作的重要保障，学校各部门应加强分工协作，以保证体育俱乐部课内外一体化教学模式的顺利、规范实施。学校教务处负责组建多个单项体育俱乐部，各单项协会负责俱乐部的日常管理，学生处则主要担负课外体育俱乐部的监管、教学管理、技术指导以及体育基础设施的管理等工作。

（4）体育教学的组织方法

高校体育的教学组织方法是指学校组织体育教师进行体育教学以及学生进行体育学习与锻炼的具体方法，该教学模式的教学组织方法如下：学生在第一学期上体育普修课，第二学期以后再实行体育俱乐部课内外一体化教学。其中，学生在第二学期至第四学期需要至少选择1个体育教学俱乐部（要求至少有1个体能项目）。第五学期以后学生可自由选择，学生选择后通过注册成为该体育俱乐部的会员。各体育俱乐部必须根据学生的体质健康水平、运动技能高低，把学生分为初级、中级和高级 3 个层次进行分班教学，对 3 个层次学生的教学内容可大体相同，但教学进度和要求应根据各个层次学生的水平而有所差异。体育指导教师按计划每周组织一个轮回的体育教学，并将其视为课内体育教学俱乐部，其余时间由大学体育管理部门、学生会组织以及学生组建的协会共同管理，由学生自主组织健身锻炼和体育比赛，并将其视为课外体育俱乐部。一、二年级的会员每周必须参加 2 个学时以上的体育课，方能获得相应的必修学分；三、四年级会员可自由选择是否参加，如能按时参加每周的体育课，也可获得相应的选修学分。

（5）体育教学内容

在体育教师师资、体育基础设施以及周边环境条件许可的情况下，学校可以建立多个单项体育俱乐部，从而为学生提供较大的选择空间。教学内容的设置还要考虑课内外相互衔接的问题，使课内外实现高度的一体化。为防止部分锻炼价值较高，但较枯燥的体育运动项目（如田径）出现没有学生选择的情况，学校可以把体育运动项目分成两大类，如必修类和选修类等。学生必须选择一项以上必修类的运动项目（如中长跑）进行体育锻炼。教师采用多种方式向学生讲授运动损伤防护、营养、健康生活方式等方面的理论知识也十分重要。

（6）体育教学方法

体育俱乐部的指导教师要根据学生的现实身体条件，确立科学合理的体育教学方法。初级班和中级班学生技术水平相对较低，以传授为主，高级班则应以辅导为主。在教学过程中要充分体现与发挥学生的主体作用，倡导师生之间和学生之间的团结互助，努力提高学生参与教学活动的积极性，最大限度地发挥学生的创造性，以便于学生终身体育意识的培养和长期体育锻炼习惯的养成。

（7）体育教学评价

教学评价体系在高校体育教学中的作用十分突出，其对实现体育教学目标具有较为重要的意义。评价学生的体育学习效果，需要从学习效果和学习过程两个方面分别进行，主要的评价方式包括学生自评、学生间互评、教师点评等。体育教师要将学生的进步和潜能纳入教学评价体系之中，还需注重建立完善的课内外一体化体育教学评价体系。学校及体育教师要全面落实相关的政策规定，要对学生的体育能力进行全面评价，并将学生的学习过程与最终效果评价紧密衔接。唯有这样，才能既考评学生的实际体育技能，也考评学生身体锻炼的实际效果，其对促进学生的全面发展具有良好的效果。

（二）高校体育俱乐部"三位一体"教学模式

1. "三位一体"体育俱乐部教学模式的现状

体育俱乐部"三位一体"课程教学模式，首先把当前教学先进的教学理念引进体育课程中，即坚持"健康第一"的教学指导思想，培养学生拥有健康的意识与体魄，促进学生健康成长。其强调重视学生的主体地位，帮助学生学会学习；激发学生的运动兴趣，注重学生运动爱好和体育专长的培养，为终身体育奠定基础。其强调体育课程教学的具体目标，此处的课程目标主要是指教学目标，包括技能目标、知识目标以及情感目标等。"三位一体"教学模式把体育课程分为三个部分，各部分之间紧密相连，相互促进，最终目的是实现体育课程教学的总体目标，它们是一个良性循环的课程体系。

体育俱乐部"三位一体"课程教学模式强调改革现有体育教学内容、教学方法及考核手段，要求教学内容丰富多彩。学生可以从自己的学习兴趣出发，自主选择体育学习内容，从而给自己创造更多的自主选择权利，满足自身的体育锻炼需求，该种教学模式能够充分体现学生的主体性并且有利于长期体育锻炼兴趣的保持。

20世纪80年代以来，体育课程教学以及体育教学方法的改革取得了比较明显的效果。如，自主、合作、探究等体育教学方法相继提出，但总的来说，这些体育教学方法并没有很好地运用到体育教学实践之中，体育教学的实效性和针对性也不是很强。教学改革思路主要是目标引领内容，即以学生为主体，体育俱乐部"三位一体"教学模式要求采用更加灵活多变的教学方法与手段，充分调动学生的兴趣，注重学生自主学习和创新性学习能力的培养。

2.高校体育俱乐部"三位一体"教学模式的构建

（1）构建高校体育俱乐部"三位一体"教学模式的必要性

①构建体育俱乐部"三位一体"教学模式是体育教学人本关怀的体现

当今世界科学技术迅猛发展，全球知识经济一体化的趋势日趋明显，国力竞争日趋激烈。高校是培养人才的主要场所，构建体育俱乐部"三位一体"教学模式，是针对应试教育体制而形成的片面重视体育技能的单一教育，容易忽视学生的体质、心理健康、卫生习惯的培养，应重新构建体质、心理、卫生三者并举，实现三者有机结合的体育教学新模式。

②构建体育俱乐部"三位一体"教学模式，是适应时代发展的必要措施

由于科学技术和全球经济一体化的快速发展，当今社会人们的生活节奏越来越快，竞争日渐激烈。高校培养的复合型专业人才走进社会，不是

单凭传统意义上的德、智、体全面发展就能够适应。某些来自心理、环境和人际竞争等诸多方面的压力，远比身体体力消耗的压力要大得多，这也正是改革现有体育教学模式，构建"三位一体"教学模式的根本出发点。

（2）体育俱乐部"三位一体"教学模式的构建措施

①理念先行

理念决定行动，理念塑造品质。思维活动成果的意思，也指从知性产生而超越经验可能性之概念，还有理念就是理性化的想法。就体育教学模式而言，理念主要是体育教师对自身的使命、责任和荣誉的认识和理解，是立足于长远的宏观规划和思想指南。在体育教学理念上，体育教师需要真正尊重学生思想存在和发展的客观规律，体育教师必须从学生的心理、身体特点和发展规律出发，强化健康体育意识，提高体育教学工作的实效性和说服力，增强体育教学工作的有效性。

②实践检验

实践是人类自觉、自我的一切行为。体育教学是一门实践性很强的课程，是广大学生养成良好的体育锻炼习惯和具备相应的体育锻炼能力的重要手段。在体育教学过程中，体育教师需要增加必要的实践环节，如观看体育比赛、参加体育运动赛事和体育课堂运动交流等，提高体育教学工作的针对性和效果。

③体育课堂教学

体育课堂教学是向学生传授体育运动知识的重要途径，同时也是体育教师给学生传授运动知识和技能的全过程，它主要包括体育教师讲解、学生问答、体育教学活动以及体育教学过程中使用的所有体育器材。在具体实施办法上，体育教师把学生编成固定人数的运动团体；按照各类体育运动项目教学大纲规定的内容组织教学内容和选择适当的教学方法；并根据教学时间的安排，向学生传授体育运动技能的教学组织形式。

在具体教学过程中，教师应努力创设一种"以人为本"的教学氛围，以学生为中心的体育课堂环境，营造一种尊重学生观点，鼓励学生提问、概括、假设和陈述的体育课堂教学氛围，积极鼓励和评价学生的参与行为。体育教师要努力实现体育教学从观念到行为的转变，改变以往单纯传授体育运动技能的做法，对学生对待体育运动的兴趣、态度和价值观给予足够的关注度，提高体育课堂教学的效果。

体育俱乐部"三位一体"教学模式的基本出发点是促进全体学生全面、协调、持续地发展，而终身体育学习的愿望是学生长期坚持体育锻炼习惯的前提和基础。成功的体育教学，应该是唤起学生体育的兴趣。只有那些唤起学生运动兴趣、运动激情的体育教学才能激发学生参与体育课堂的积极性。体育教师要放开手脚，以"合作者"的身份参与学生的体育课堂学习之中。具体而言，体育教师要善于创设各种机会，帮助学生去发现、去探索体育运动的奥秘；用心去营造一种体育学习与运动氛围，充分培养学生长期坚持体育锻炼的意志力，从而让学生以活跃、旺盛和高昂的精神状态去积极参与体育运动。使学生在体育教学活动中培养自主学习、自主发展的能力，让体育教学不再局限于传统的体育教学形式，而是充满现实的、有意义的、富有挑战性的体育教学与学习。体育教学给学生带来的不是体育技能的灌输，而是自主进行体育锻炼的魅力、成功的体验，这也是提高体育教学效果的重要措施。

④体育教学"三位一体"教学模式的评价标准

高校体育俱乐部"三位一体"教学模式在构建完成并得到切实落实后，

还需要有相应的专用评价体系进行考核，以便能够及时、有效的评估这种全新的体育教学模式是否切实可行，是否满足了高校体育的教学实际需要。针对体育俱乐部"三位一体"的教学模式，其教学评价重点在于评估运用此方法后，学生的体能素质、理论理解、心理状态等方面是否达到了预期的标准及要求。也就是说，体育俱乐部"三位一体"教学模式相对应的教学评价体系，应当围绕学生的体育教学和身心培育这两大方面目标进行有效评价，而不应单独以体能测验作为唯一的评估指标。换言之，学校及体育教师在评价学生的体育学习效果时，不仅需要关注学生们的体能水平是否有所提高，而且还要关注他们的体育运动态度和体育运动行为是否有所改进。该评估体系还应满足科学合理、操作高效、准确客观等相关的具体要求，既要关注最终结果又要兼顾学生的学习过程。

七、高校体育俱乐部教学模式的构建

（一）健全体育俱乐部的管理体系，明确发展方向

第一，学校要健全大学生体育俱乐部的管理机构，完善机构设置；第二，学校要明确各部门的岗位职责、制定各项管理制度以及中长期发展规划，当前高校不同领域与社会相关领域之间的交流与合作日益频繁，高校体育社会化已是社会体育和高校体育发展的必然趋势，所以，大学生体育俱乐部作为高校体育中的重要组织，更要充分发挥它的作用，真正将高校体育与社会体育结合在一起，努力做到资源共享，进而共同促进二者的协调发展。

（二）加强高校体育俱乐部与社会组织的交流

当前，我国高校校际之间的体育交流较少，交流方式仅局限于体育比赛。学校应加强大学生体育俱乐部与社会体育组织的交流与合作，二者都有各

自的资源需求，社会组织走入高校，大学生体育俱乐部进入社会，只有这样才能使两者的体育场地、人力、资金等资源得到合理的配置和高效率的利用。大学生体育俱乐部与社会组织共同参加体育活动，两者可以相互促进，也可以根据各自的实际需求，由企事业单位与高校共同组建双方都需要体育俱乐部，实现原有模式上的创新，做到与时俱进、共同发展。

（三）体育俱乐部教学模式要努力与现代高校教育的发展趋势相适应

1. 以学生的发展为中心，重视学生的主体地位

如果学校和体育教师在教材和教法上处理不当，将直接导致学生丧失对体育运动的兴趣，也就不能转化为学习体育的积极性和主动性，甚至会出现体育课上无精打采，课外活动兴高采烈的现象。因此，从体育课程的设计到评价，各个环节都应始终将学生主动、全面发展放在中心地位。在教学活动中，在注意发挥教师主导作用的同时，需要着重强调学生学习的主体地位，充分发挥学生学习的积极性和潜能，提高学生的体育学习能力。

2. 积极利用和开发课程资源

我国高校体育课程资源主要包括以下几项：项目内容的拓展、自然资源的开发、师资队伍的培养、场地器材的创新等。其利用和开发是顺利开展学校体育的重要组成部分，有利于充分发挥各地课程资源的教育潜力，体现课程的弹性和地方特色。《普通高校体育课程教学指导纲要》赋予高校更多的自主权，深入挖掘体育课程资源，必将深化体育课程改革，提高教学质量，形成具有特色的、健康活泼的校园体育文化氛围。

3. 加强体育课程的个性化和多样化

我国高校体育课长期受到标准化、规范化课程体系的影响，要求所有

学生达到同等标准，以致忽视了学生的个体差异，而现代体育俱乐部教学模式则比较注重体育课程的个性化和多样化，学生有很大的自主选择权，可根据自身的能力和爱好，灵活地选择所学内容和发展方向，强调尊重学生发展的多样性。

高校体育课需有鲜明的时代性与社会性，务必要拓宽体育教育的空间和视野。拓展现代教育信息交流的渠道，打破狭隘的教学课本限制，全方位、多角度地进行体育教育信息交流，促进学生知识与能力的扩展和深化，以学生为中心，最终实现多样化的体育课教学课程。

4.课程与现代化信息技术相结合

现代高校教育应综合运用多媒体技术与信息技术，从社会发展的必然趋势看，现代教育技术的发展总趋势是信息化。学校和体育教师应重视把现代多媒体技术与信息技术引入体育教学领域，赋予体育教学课程以新的内涵和时代特征。体育教师要着重培养学生的学习兴趣、学习能力和创造精神，因此，教师需要充分利用现代教育技术与手段，建立开放式的体育教育网络；要让学生全方位领略最新的科技成果和现代化手段给体育教学带来的形象性、直观性、趣味性和欣赏性，从而促进高校校园体育文化的发展。

（四）体育俱乐部教学模式要与现代高校体育的发展趋势相适应

1.现代高校体育要与社会群众体育相协调

学校应将学校体育与体育教学同社会体育有机衔接起来，投身到社会体育的热潮之中。高校在培养学生的过程中，应努力使学生在校学习与未来发展同社会需求实现接轨。针对时下全民健身运动蓬勃发展的大好形势，学校应为学生提供机会，保证学生参与社会体育活动。坚持"请进来"和"走出去"的原则，将社会体育各项目优秀分子请进校园。帮助具有一定基础的大学生参与社会体育工作实践活动和竞赛，这样既能激发学生进行体育健身的积极性，又能取得一定的经济效益。

2. 现代高校体育要适应社会发展的需要

现代高校体育要实现跨越式发展，而且要实现协调发展，因为协调发展是体育事业发展壮大的重要条件。没有发展，高校体育就会失去前进的动力。应在改革中实现高校体育内部结构的协调配合，以及体育与外部经济、社会的协调运转。随着我国改革开放进程的逐步加快和社会经济文化的迅速发展，我国民众对体育的需求和对高校体育的要求也发生了深刻的变化。体育的终身化、休闲化、生活化、娱乐化和产业化，都要求学校体育必要进行的改革。

3. 现代高校体育要符合"健康第一"的教育思想

"健康第一"主要是基于对学校体育本质功能的深刻认识。在意识形态层面上，"健康第一"的思想是马克思主义人权思想在教育领域的鲜明体现，它是人权思想、人道主义精神和未成年人保护原则的具体体现。在具体操作层面上，它也是学校体育对"素质教育"最重要的应对措施。当学生的学业、社会工作与他们的健康发生冲突时，就需要服从健康。

高校体育教学改革不能将体育与有关健康的知识互相割裂开来，要以体育为手段，以健康为目标，同时将健康的观念、健康的理论渗透到高校的体育教学之中。

（五）充分发挥体育教师的潜能，提高教师的专业水平和能力，完善师资结构

长期以来，我国体育专业人才教育多是以竞技体育项目为主，以致我

国高校在职体育教师的专长多集中在田径、足球、篮球、排球、体操、武术等项目上，而对乒乓球、羽毛球、网球、健美操、体育舞蹈项目的特长教师则较少，体育师资队伍不能完全满足高校体育俱乐部发展的现实需要。因此，高校和体育教师需采取以下措施予以解决：第一，大胆引进体育专业人才，在选聘教师时，应优先考虑哪些具备紧缺专长的候选教师，充实、改善教师的年龄、知识、专业和职称结构，以适应我国高等教育和体育教学的发展需要。第二，对现有体育教师进行在职培训，具体而言，学校可以通过进修学习和培训提高业务水平，解决专长教师紧缺的问题。第三，鼓励体育教师考取硕士或博士研究生，并给予一定的物质和经济奖励。

（六）注意体育俱乐部教学内容设置的合理性

体育俱乐部的教学内容首先要与学校的体育课程保持一致性，俱乐部可以根据单项的体育运动来进行设置，如足球俱乐部、篮球俱乐部等，还可以将俱乐部实现分级，以区分身体素质和运动能力不同的学生。而在设置教学课程内容的时候，需要保证学生也能学习到其他的体育知识。如，教师可以讲解足球的技能技巧，欣赏经典比赛，对学生进行运动生理学和心理学的教育，努力扩大学生的视野，同时保证学生能够学到足够多的体育运动知识。在设置一定的课程之后，还应对学生的成绩进行考核，以达到素质教育的目的。但是，教师应该切记，对学生的成绩考核不能片面的以分数来进行考评，还应该综合学生的各方面表现，如运动积极性、领悟能力、提升的速度等方面来综合考虑，既能让学生体会到体育带来的激情与快乐，同时在一定程度上监督学生能够进行持久的锻炼。

（七）构筑"五种关系"发展俱乐部教学

"五种关系"指的是师生之间相互信任、合作的关系，体育教师要认真履行职责，学生积极配合，实现共同的教学目标；平等民主的关系，师生之间保持一种平衡关系，教师负责"传道、授业、解惑"，学生要主动学习、探索。在体育教学活动体系中，要注意保持师生关系的平等，实现教学相长。师生之间保持相互尊重，相互尊重是维持高校体育教学效率以及和谐师生关系的重点。学生要尊重老师的劳动成果，教师要热爱学生，尊重学生的自尊和人格。健康交往，师生之间良好的关系是促进教学质量提升的重要纽带，也是顺利开展高校体育教学的基础；亲师信道，俱乐部模式要"以人为本"。教师要有良好的专业知识，通过科学的方法教授给学生，同时注重对学生能力和价值观的培养。亲师信道是形成学生良好品格和优秀体育道德的基石。

（八）学校及体育教师要转变体育教学观念

高校要转变教学观念与思想，尽可能地完善体育教学的制度。合理购置体育器材，要培养学生主动积极参加体育锻炼的观念，要最大限度地为学生进行体育锻炼创造良好的环境。现代高校体育教学更加注重体育自由和体育精神，所以，要想让俱乐部模式在高校中得到广泛的开展，就必须要领会现代体育精神，接受更为先进的体育教学理念，将俱乐部的优势充分发挥出来。学校在引进俱乐部教学模式时，要始终坚持多样性和自主性的原则，发展课堂教学与课外教学的相互协调的关系。坚持正确的体育教学方针，才能保证高效体育教学的有效性。高校的体育教学部门要对俱乐部进行科学的管理和监督，在实际操作过程中，要根据学生的具体情况对俱乐部进行合理的规划和调整。还有做好体育老师的奖惩、任免工作，开展同校外体育组织的学术交流活动。高校体育教师要详细了解体育俱乐部的实际情况，并对体育俱乐部进行有效管理，避免出现其他问题导致正常体育教学工作无法展开的情况。

第五章 高校体育文化

第一节 高校校园体育文化的理论概括

高校校园体育文化是高校校园文化的重要组成部分，是高校师生接触最为广泛的一种文化。大学生根据个人的爱好，开展以竞技体育、传统保健体育、现代健身体育和娱乐体育为内容的体育文化活动，不仅丰富了课余文化生活，而且营造了高校特有的校园体育文化氛围。加强高校校园体育文化建设，营造浓厚的校园体育文化氛围，对全面提高高校的育人质量，有着深远的意义和积极的借鉴作用。

一、高校校园文化的定义

高等院校是我国文化积淀、发展和传承的主要社会载体，是知识形成、传播的主要社会场所，高等院校的改革与发展对我国经济、政治、文化的进步与发展有着深远的影响。高校校园体育文化以其特有的文化氛围于有形与无形中影响着广大师生。从发展的角度看，良好的校园体育文化氛围能健身、健心，培养人的社会适应能力；从教育学的角度看，良好的校园体育文化氛围能提高大学生的思想道德品质，培养良好的体育观念，提高审美情趣，完善心理特质；从教学角度看，良好的校园体育文化氛围能教给大学生体育知识技能，培养他们的体育参与态度、动机、兴趣和良好的身体锻炼习惯；从社会学的角度看，良好的校园体育文化氛围能提高大学生的社会意识，促进他们的社会化，提高他们的交际能力和社会活动能力。

高校校园体育文化是在高校校园特定环境下产生的一种文化形态，是社会体育文化的一个分支。高校校园体育文化是校园文化与体育文化有机结合的产物，是高校师生在校园这一特定的环境中，为实现高校培养和造就合格人才的目标而实施、传播的与身心健康直接相关的以身体活动为主要载体的精神文化现象。高校校园体育文化作为高校校园文化的重要组成部分，对高校校园文化具有反作用；高校校园体育文化具有较高的品位和层次，是高校特有的富有校园文化气息和健康生活气息的大众文化，它是以师生的体育价值观为核心，以实施健康第一的高校体育目标为主要目的，以大学生群体为主体的体育行为方式、思维形式和活动方式，主要有校园体育课程、体育课外活动、体育艺术活动、校园体育竞赛活动、体育欣赏活动等具体表现方式和活动形式。一般来说，高校校园体育文化的内涵由三个部分组成，即高校体育精神文化层、高校体育制度文化层、高校体育物质文化层。精神文化层面处于主导地位，反映了高校体育文化的行为准则、价值观念和意识等主要内容，体育健康价值观是其核心，持续渗透时间长，对学生影响久远，是一所高校向心力与凝聚力的象征；制度文化层面是联系两者的纽带，为物质层面更好地利用开发、精神层面的更好挖掘提供了制度保障；物质文化层面是基础，是客观物质保障，它体现出高校体育文化的底蕴，对大学生身心健康发展起到了"润物细无声"的滋润作用。高校校园体育文化的三个层面相互联系，相互促进，共同发展，缺一不可。

二、高校践行体育文化的意义

第一，高校校园体育文化是与高校师生密切相关的一种文化，是校园文化中一种学习如何处理与他人的关系，使各项活动顺利开展。在比赛当中，他们必须不断地交流沟通，局势有利或者同伴表现出色时，他们会用各种方式表示鼓励和认可；在出现失误、局势不利的关键时刻也能克制自己的不良情绪，做到相互理解和相互支持。这样，在参与运动过程中，大学生逐步形成了自信、自强、宽容、大度、尊重他人、不畏困难、敢于拼搏、遵守规则等心理品质和行为习惯。长期从事体育运动，特别是集体对抗性项目运动，能够使性格内向者趋于外向化，运动过程中能够有效提升运动者对外交流和沟通的能力，从而提高他们处理复杂人际关系的能力。

第二，高校体育文化有助于大学生准确评价自我，增强自我接纳和自我认同感。心理健康的大学生会对自己的能力、性格做出客观评价，了解自身长处和短处，明确自身存在的价值，能扬长避短，持续健康地发展自己的内在潜力，能促进学生个体在主观上对自己的身体、思想和情感整体做出正确的评价。体育锻炼对改善人的身体表象和身体自尊至关重要。身体自尊主要包括一个人对自己运动能力的评价、对自己身体外貌（吸引力）的评价以及对自己身体抵抗力和健康状况的评价。身体表象和身体自尊与整体自我概念有关，无论男生还是女生，对身体表象不满意会使个体自尊变低（自尊指自我概念的积极程度），并产生不安全感。有研究表明，肌肉力量与身体自尊、情绪稳定性、外向性格和自信心呈正相关，并且加强力量训练会使个体的自我概念显著增强。心理学的研究显示，人格的形成及其发展与人的活动密不可分。在体育锻炼的过程中，大学生是活动的主体，有利于思维活动和机体活动的紧密结合，从而促进人格的完善和发展。同时，既可以施展自己的才华，又能实现自我的心理满足，进而改变人的整个心理状态。

第三，高校体育文化有助于大学生良好意志品质和个性心理的形成。意志品质是指一个人的自觉性、果断性、坚韧性和自制力以及勇敢顽强和独立主动的精神，是一个人行为特点稳定因素的总和。体育锻炼不但要克服气候条件的变化、动作的难度或外部障碍等困难，还要克服如胆怯、疲劳及运动损伤等主观因素造成的困难，还要遵守竞赛规则，制约和调控自己的个人行为，以有利于在竞赛中充分发挥自己的潜能。通过体育文化活动可以表达团结、友谊、和平、进步等人类先进的思想和愿望，在合理规范的竞争中锻炼自己的品行，并在成功与失败、荣誉与耻辱、竞争与退让、个人与集体之间做出选择，在选择中表达出自己的人生观、世界观和价值观。体育文化崇尚更高、更快、更强的奥林匹克精神，以公开、公平、公正为基本原则，通过高校体育文化培养和塑造大学生良好的个性心理具有显著的效果。

第四，高校体育文化有助于缓解大学生焦虑、敌对、胆怯、强迫等心理症状。情绪状态的调控能力是衡量高校体育文化对心理健康影响最主要的指标，心理健康的大学生能够适度地表达和控制自己的情绪。高校体育文化对大学生心理的积极影响主要是以体育锻炼为表现形式和手段的，体育锻炼可以有效转移个体不愉快的意识、情绪和行为，使其从烦恼中解脱出来。体育锻炼之所以能够调节情绪，是因为参与者能体验到运动带来的愉快感。心理学家认为，适度负荷的体育锻炼能够促进人体释放一种多肽物质——内啡肽，它能提升大脑皮层的兴奋和抑制的协调作用，使神经系统的兴奋抑制的交替转换过程得到加强，从而产生良好的情绪状态。因此参加体育锻炼，尤其是参加那些自己喜爱和擅长的体育锻炼，可以使人从中得到乐趣，振奋精神。国内的研究资料表明，以有氧代谢为标准的中距离和长距离慢速跑、变速跑能够松弛紧张的情绪；集体项目，如球类活动，可以通过培养良好的协作精神和团队意识来抑制焦虑；健美操、有氧韵律操等对缓解焦虑有明显的作用。

第二节　高校体育文化的结构与内容

一、校园体育文化主体形态的层次结构

人是校园体育文化的主体，同时也是其主要载体，是活力最强的校园体育文化的构成要素。校园体育文化的构建应首先着眼于人，它的核心问题是人力资源的开发、管理和利用，它既包括校园成员的体育文化水平、体育道德、体育观念、体育态度、语言艺术、体育教师的业务能力、科学化训练水平、学生的运动水平、运动成绩、健身水平、服饰内容和体育运动中的人际关系等素质的教育与培训、体育作风的培养、主体体育精神的树立与发挥，也包括学校体育精神的宣传、灌输和渗透，更包括充分发挥以名师名生为代表的群体在校园体育文化建设中的主体作用、榜样作用和示范作用，并充分给予他们在教学、科研、训练、健身过程中展示个人魅力的机会和空间。校园体育文化的形成、发展和特色的定性根本上是主体的结果，是高校全体师生员工共同的主观追求、设计与创新。但是由于学校内不同群体的身份、角色不同，因此从主体方面来划分，校园体育文化客观上存在干部体育文化、教师体育文化、学生体育文化三个层次。学生体育文化是校园体育文化最表面、最活跃的层次，教师体育文化处在稳定的中间层，是校园体育文化的主导方面，干部体育文化以学校决策管理层为代表，是校园体育文化整体自觉发展、主动创新的重要动力。

（一）干部体育文化

干部体育文化的主体主要是学校的决策层、高校二级管理单位的领导集体以及系部的领导集体。他们的办学理念和教育思想，以及能否目光敏锐地站在时代潮流的前沿，通常是学校发展的决定因素，对校园体育文化的形成与传播产生巨大的影响。正如有学者指出，一个好领导等于一所好学校。学校领导集体对校园体育文化有预见的倡导和长期培育是形成特色鲜明的校园体育文化的重要源泉，他们对各种社会文化思想的态度，会极大的左右学校跨文化交流的方式与内容，影响校园体育文化在继承民族传统体育、吸收世界体育文明及创新方面的进程。尤其学校领导集体担负着学校政治文化、道德文化与健康文化建设的重要责任，在代表先进体育文化的发展方向、管理宽度上应做出更多的努力。

（二）教师体育文化

教师体育文化的主体是高校的教师、科研人员、职工以及离退休人员。他们是一所高校社会地位和声誉的决定因素，也是教学、科研、训练、健身和社会服务的主角，更是体育文化的主导力量。一方面，教师的体育思想道德、体育文化修养、学术抱负及生活态度，一言一行都会对大学生产生深远的影响；另一方面，教师在教学、科研、训练、健身和社会服务中的活动，也影响着学校领导层的决策，校园体育文化活动应充分发挥教师的文化主体作用。目前教师在校园体育文化建设中的主导作用还没有被普遍自觉地重视，退休教职工和其他职工的体育文化潜力更未得到重视，而他们又是积极进行健身活动的主力军。

（三）学生体育文化

学生体育文化的主体是学校各办学层次的所有学生。学生在学校的主要任务是在教师、科研人员、管理人员和退休人员的指导和影响下，通过学习获取知识、运动技能与健身方法，提高身心素养。在教师的指导和影响下形成、发展和传播，是学生体育文化的一个重要特点。学生体育文化是最丰富多彩和形式多样的，它表现在教学、科研、社团、文艺、俱乐部、课外活动、娱乐活动、野外活动、健身活动、社会实践活动、体育文化节、体育周、体育比赛、运动队训练、讲座、竞赛、讨论、宣传、演讲、网络、多媒体等方面。正因为学生体育文化的表现人多面广，因此很多人就把校园体育文化限制在学生体育文化层次上。由于大学生容易接受新东西、新思维、新事物、新观念，同时他们也往往是各种文化传播的重点对象，所以学生体育文化经常是高校跨文化交流最前沿和最活跃的部分。

二、校园体育文化质态层次结构

（一）校园体育精神文化

从生命哲学的角度看，只有精神活动才是人生命活动的最高形式，因而也只有精神文化才能真正表现出文化的生命特征。学校文化本质上是学生进行生命交流的过程，而不是孤立存在的运动过程。校园体育精神文化是在校园中由师生长期创造的一种特定的精神财富和文化氛围。它主要以体育思想观念体系和价值体系表现出来。精神文化包括身体观、健康观、运动观、体育观、审美观、道德观、人际关系、体育意识、体育思想观念、价值取向、实践能力等，从深层影响着全体师生员工的思想、理想、信仰、意志、态度、情感及行为，具有深刻的哲理内涵和浓厚的人情味，要创设那种弥漫、浸染整个校园并体现学校深层目的的精神氛围，来养成全体师生员工具有持久效应的思维、态度、情感及行为方式。校园体育精神文化是赋予学校以生命、活力并反映学校体育历史传统、办学特色、体育精神风貌的一种学校体育精神形态，每一所学校都有自己的校园体育文化，但并不一定每一所学校都形成或凝聚起自己独具特色的学校体育精神。学校体育精神是校园体育文化的核心和灵魂，这强大的影响力、感染力渗透在学校体育的方方面面，成为凝聚全体师生员工的精神动力。体育传统的形成与保持源于校方及体育教师的重视提倡和悉心指导，其思想根源在于教育者健全人格的教育思想。

（二）校园体育艺术文化

1. 体育艺术文化的内涵

体育艺术文化既不同于体育物质文化，也不同于体育精神文化，它处于二者中间。在历史文化发展的长河中，体育与艺术在各自的发展中相互不断地靠近、接近与汇合，进而出现了一个体育与艺术相互渗透的广阔领域。今天人们欣赏不同形式的体育比赛，运动者的优美动作既可作为"流动的艺术品"供人视觉观赏，在他们的动作中表现出来的拼搏进取、公平竞争、即兴创新动作等又作为"物质中的思维"和爱国主义与个性的张扬联系起来。他们这种具有双重意义的表演难以用其他符号表达，因此它应该隶属于体育艺术文化体系。

2. 体育艺术文化的主要内容

校园体育艺术文化主要包括以下内容：①体育绘画；②体育雕塑；③体育建筑艺术；④体育表演艺术；⑤体育欣赏。

体育表演艺术——体育表演有两种含义：一是在校园体育活动中通过体育动作展现自己的美，提高对美的展示把握能力，它是美育的重要内容。二是观看别人表演，提高自己欣赏美的水平。体育欣赏——观赏体育比赛是陶冶学生情操，培养学生对体育活动热情的重要内容。这些比赛所表现出来的高超运动技巧和拼搏精神特别适合发泄观众的情绪，这是其他表演难以达到的。

现代生活中体育与艺术或艺术与体育的广泛融合现象，是体育游离实用中心向着艺术逐渐推移，艺术游离审美中心向着生活实践领域（包括体育运动）逐渐推移，双向互动，动态生成的结果，是文化发展史内部方向相对、作用不同的两种历史性律动形式相辅相成的结果。

（三）校园体育制度文化

校园体育制度文化主要指以文字形态表达学校体育的规章制度及固定的体制所体现的文化，如学校制定的体育章程、条例、规定、办法、公约、实施细则等制度以及办学目标、校训、教风、学风等，它们保证学校秩序的正常运行，规范着学校成员的行为、态度和作风，倡导与校园体育精神文化的价值观、健康观、审美观一致的学校体育风气，是体育精神文化在学校各个方面管理上的体现。先进的校园体育文化精神如果不能通过一定的制度及相应的机制表达出来，就难以转化成客观的体育文化存在，形成不了新的体育文化风尚，也就起不到推动校园体育文化进步的作用。当新的校园体育精神文化转化到制度上时，既标志着先进的校园体育精神文化的有效传播，又标志着校园体育文化创新的落实。一所高校包括体育制度创新在内的体育教育创新，本质上是体育文化创新。当前，经济发展和社会进步已极大地改变了当代高校师生的价值观念、健康观念。在当前的高校体育改革中，制度创新是推动高校体育发展、建设高校校园体育文化的途径。体育制度创新是体育创新的重要内容。

（四）校园体育物质文化

校园体育物质文化以实物形态表现出来，主要指学校的体育建筑、生活设施、校园教学环境、自然生态环境等。人生活在一定的自然环境中，总是力图对自己周围的环境客体做全面的认识和综合解释，这就是环境知觉。在环境知觉的指导下，人在空间中进行各种各样的身体活动，空间慢慢地与各种各样的身体活动发生联系，产生了意义。人出于对自然、社会和人自身的理解，对分化的空间做出自觉的安排和使用，这就是空间设计。空间设计的直接结果就是形成各种各样的体育物质文化。它们既是校园体育文化活动的物质保障，又在一定程度上制约校园体育文化的规模甚至质量。体育物质文化处于精神文化、制度文化的外层，一方面是因为在校园的整体布局、校园建筑结构风格、校园自然生态环境等物质建设上，积淀着师生的审美价值；另一方面是，是否自觉接受先进体育精神文化的指导，校园体育物质形态上所承载的体育文化含义是有很大不同的。在校园的体育物质设施建设上，通常凝聚了一定时代学校全体师生的体育文化思维，是最直观区别高校有无体育文化内涵的特征之一。优秀的校园体育物质文化是丰富和升华校园体育文化生活，表现一所学校的独特气质和风格以及良好的社会形象不可缺少的内容，反之，不重视校园体育物质文化，不仅影响体育教学、科研、训练、健身活动的开展，而且不利于人素质的全面发展和终身体育的养成。因此著名学府都非常重视学校体育建筑风格、整体布局和校园生态环境的建设。

校园体育物质文化是一种特殊的物质文化形态，其独特之处在于校园是专门的育人场所，育人的意向性要求是其本身包容丰富的教育意义与教育价值。校园体育物质文化积淀着历史、传统、体育文化和社会价值，蕴含着巨大的潜在体育教育意义。学生不仅通过体育物质文化掌握一定群体的环境知觉，而且同时从体育物质文化中领会特定体育文化的空间设计，态度、情感、健康观和价值观受到潜移默化的影响。

（五）校园体育行为文化

校园体育行为文化包括校园内人们的日常言行和开展的教学性、学术性健身活动，娱乐性活动，体育消费，体育时间和空间利用等。校园体育行为文化主要通过师生的身体活动形态表现出来，是学校日常生活中人们经常表达情感、态度，最直接感受的活的体育文化形态，它与上述4个层次的校园体育文化有很大不同。相对体育行为文化来说，上述4个层次的校园体育文化便有了资源性或环境性的作用，从内部支撑着校园体育行为文化，并形成高校跨文化交流的活跃"界面"。由于校园体育行为文化处于校园体育文化的外层，因此它比内层文化更具开放性、更加多元化与生活化。校园体育行为文化一方面要受支撑它的内层文化的影响和支配，另一方面又受体育艺术文化和社会大众文化的影响，对内层文化有反作用，它总是在承受现在的内层文化的基础上又对内层体育文化有所改变。校园体育文化正是内外层文化这种承受与改变的交互活动过程的产物，不断在各层次间内在的矛盾运动中获得发展动力。

三、校园体育文化中职能形态的层次结构

在校园体育文化中文化信息的传递通常由于学校不同部门的分工而有了职能的特征，从而使文化渗透影响的方式出现差异。按照职能特征，校园体育文化可分为体育决策管理文化和体育教学、学术、训练、健身文化及体育生活娱乐文化三个层次。

（一）体育决策管理文化

体育决策管理文化是指学校体育决策与管理的理念，以及相应的制度、方式、结构、原则与行为等。不同理念、结构、制度、方式、原则与行为下形成的决策与管理，反映出来的体育价值观念与体育文化意义是完全不

同的，对校园体育文化的形成、发展的结果也是完全不同的。通过学校的决策与管理，人们可以清晰的感受到一所学校体育文化的品位。因此从职能上来说，决策管理文化不仅是一个独立的校园体育文化层次，而且居于校园体育文化的中心枢纽地位。

（二）体育教学、学术、训练、健身文化

体育教学、学术、训练、健身文化是在教学、科研、训练与健身行为、结果和制度上积淀起来的文化。体育教学、学术、训练与健身是校园体育文化的主要内容，也是高校体育文化区别于其他文化的重要特征。体育教学、学术、训练与健身是校园体育文化的关键层次和建设主题，良好的体育教学、学术、训练与健身文化对高校提高办学层次、办学水平与保证办学质量都是必要的条件之一。当体育教师视自己的学术生命为第一要务时，学术抱负就转化为强大的体育精神动力，求真敬业的良好教风、训练作风与健康第一的形成自然水到渠成；当创新教育蔚然成风时，杰出人才的出现就只是一个时间问题。良好的学术文化同样是大学生学习创新，提高素质，建设良好学风、考风与健身风的强大精神动力。不同高校或同一学校的不同学院、课程，教学学术、训练与健身都有自己显著的特色，科技文化与人文文化各有侧重。但是体育教学、学术、训练与健身文化是共同具有的，体育文化与科技文化、人文文化共同构成校园文化整体。

（三）体育生活娱乐文化

体育日常生活娱乐文化是工作学习之外，在全体师生员工的生活方式与闲暇娱乐活动中表现出来的体育文化现象。所谓日常生活，是指同时使社会再生产成为可能的个体再生产要素的集合，日常生活从生命价值的确证和维护、以主体间的交往行动摒弃对人的工具性规定、参与并担保文化

的延续、使个体不断融入这个世界并获得对世界的认同感等方面展示了其积极的意义。体育文化以其强大的渗透力作用于人的生活价值观。体育是生活的符号,身体运动积淀着文化。体育是提高生活质量的手段。它处在学校主流文化的外层,与体育决策管理文化,体育教学、学术、训练与健身文化既有相关性,相互间的作用又是十分紧密的。这是学校中最广泛存在的一种体育文化形式,表现在各种有组织或自发的活动之中,有很大的随意性、松散性。校园体育生活娱乐文化、大众文化与艺术文化的相关内容有重合与交叉之处,但又有着自身的特点。

高校作为最高层次的教育单位,高级知识分子相对集中、传播媒介比较完备、文化层次普遍较高已成为它的三大特征。由于处于社会文化潮流的前沿,学校成员对各种社会现象、体育现象、思潮、社会风尚比较敏感,表现出明显的关照。对科学技术和社会进步,一般具有趋善求美的理性的自觉性。同时高校担负着人才培养与知识、技能、制度创新的社会职能,体育教学、科研、训练与健身是主要的工作方式,学校体育都要围绕教学、科研、训练与健身来运作,这种独特的工作方式会给师生员工的体育思想和行为方式留下深刻的烙印,从而使高校的校园体育文化显示自身的特殊性,即学术性。以学术性为特色的校园体育文化必定尊重自然科学、社会科学、人文科学、体育科学、生命科学与生态科学,崇尚科学精神与人文精神的结合,因此,科学性是校园体育文化不能脱离的本质特征。并且学术性活动要求尊重民主,强调百花齐放、百家争鸣,鼓励兼容并蓄,主张开放多元的学术环境,因此民主性是校园体育文化不能缺少的特征。

第三节 高校体育文化的特征与功能

一、高校体育文化的特征

（一）指导性特征

高校体育活动并不是随机开展的，高校体育文化不是一个虚空的事物，后者有其存在的重要意义，并对前者产生重要影响，即高校体育文化具有指导性。

（二）表现性特征

社会文化的表现与传承具有多样性，如诗歌用文字来表现。许多社会文化虽然被传承下来，但它的观念已经变得模糊不清。高校体育文化通过身体来实现，不同的体育运动项目由于运动方式的不同产生了不同的身体形态特点。

学校体育教学中多采用动作示范的方法进行教学，体现出身体是高校体育文化传承的主要方式。语言也是高校文化传承的重要方式，高校体育文化的传承也包含语言的表现功能。身体运动的动作类似于语言中的语音，身体运动的技巧与方式类似于语言的词汇，身体运动的动作衔接类似于语言的语法，只有三者有机地结合才能实现高校体育文化的传承。

（三）民族性特征

不同的民族有不同的体育文化，因此，不同民族的高校体育文化也必然具有一定的差异，这就是高校体育文化的民族性特点。

高校体育文化的民族性主要表现在开展项目不同、同一项目的活动理念不同两个方面。在我国不同民族聚集的地区，学校体育文化表现出较大的民族性特点，这点与我国各民族传统体育受各自地域和民族习惯的影响较大有关，在此地域或民族群体中存在的学校，其高校体育文化必定有相应的特点。再如，中外学校在体育活动开展项目上也不同。美国高校体育文化会更加鼓励培养学生的个性，崇尚关键时刻能够有决定性的人物站出来主宰比赛，其体现在篮球、橄榄球和冰球等具体体育活动中。而我国的民族性格主要以儒雅、谦虚为主，崇尚个人的利益服从集体的利益等理念，这使开展的项目也更注重这些理念的发挥。我国各级学校还开展一些民族传统体育项目，如跳长绳等多种民族体育游戏，这些活动都体现了团队协作。我们还应该认识到，尽管中外体育活动中都包含了足球、篮球等项目，但活动本身所追求的理念并不一致，这些不一致正体现了高校体育文化的民族性特点。

高校体育文化的民族性丰富了高校体育文化的内容，也推动了体育文化的传播和发展。由于体育文化传播的灵活性较大，它着重强调保持和发扬民族传统体育，如此便能从多层面、多角度来构筑传播民族传统体育文化的平台，所以这对我国民族体育文化的推广和发展是十分有益的。

（四）传承性特征

高校体育文化的传承性具体是指民族体育文化的接续与传承。随着社会的变革和时代的发展，现代高校体育文化的内容和思想都充满了时代感，我们可以从不同时代的体育文化和高校体育文化中发现种种文化传承的痕迹。

（五）多样性特征

体育教育的多样化要求和体育活动形式的多样性，决定了高校体育文化的多样性特点。当前的体育教育以培养学生体育精神、体育意识和体育技能为重要宗旨。在此宗旨的指导下，各地可以开展种类新颖、形式各异的高校体育文化活动。多样性的活动使高校体育文化更加丰富多彩。

二、高校体育文化的功能

（一）健康功能

1.改善身体机能状况

高校体育活动形式各样，不同形式的体育活动对师生都有很强的吸引力，都能使师生加入体育锻炼的队伍中来。事实上，高校体育运动之所以对师生具有吸引力，主要在于其具有突出的健身功能。师生经常参与体育锻炼，身体素质会不断增强，从而更好地保持健康。作为高校体育文化的基本功能，健身功能受到了高校广大师生的重视。高校体育文化主体参与各种体育文化活动，最主要的动机就在于提高与改善自己的体质与健康水平。学生在参与体育活动的过程中，血液循环逐渐加快，心脏功能不断提高，呼吸系统功能逐步得到改善，骨骼、肌肉也会快速发育。对处在生长发育阶段的青少年学生而言，积极参加体育锻炼有利于终身体育锻炼习惯的养成。

促进机体的生长发育和运动能力的提高也是高校体育文化的重要功能。人们不管参加什么体育运动，都离不开肌肉的活动，因此肌肉发育的好坏对人体运动能力的强弱具有直接的影响。如果人体肌肉发达而结实，那么其劳动力和运动能力就相对较强。体育锻炼能够使学生肌肉的血液供应情况得到改善，可以促进肌肉内营养物质，尤其是蛋白质含量的增加，可以使肌纤维变粗，从而提高肌肉的工作能力。学生在参与体育锻炼的过程中，会消耗很多能量，产生大量的代谢产物，新陈代谢和血液循环速度也会不断加快，身体机能水平也会不断提高。高校体育有利于对学生的心理进行调节，使学生保持舒畅、愉快的心情，摆脱不良情绪和心理的困扰，从而充满朝气，活力四射。

2. 保持积极心态

高校体育文化有利于促进学生良好个性品质的形成和积极心理状态的保持，这是心理疏导功能的主要表现。高校体育文化活动充满刺激、娱乐和欢快的元素，因此有利于丰富学生的精神生活，能够缓解学生因学习压力大而产生的紧张心理，可以使学生保持愉快的心情、饱满的情绪以及旺盛的精力。高校体育营造了良好的精神氛围，这有利于协调高校内人与人之间的关系，有利于促进学生不良情绪、心理的缓解。高校体育活动不但能够使学生各种正当的、合理的体育活动需要得到满足，还能够促进学生心理的健康发展，使学生形成良好的个性心理品质和行为规范，保持积极健康的心理状态。

3. 培养健康生活方式

很多因素都会对个体的生活习惯和生活方式产生影响，如生活环境、成长历程、经济条件、受教育程度等。高校体育文化为学生提供了良好的体育生活环境，在这一环境中，青少年学生可以保持充沛的精力，充满求知欲，并能够快速接受新鲜事物。高校体育还有利于促进学生业余生活的丰富，使学生养成积极健康的生活习惯。

经济的发展与社会的进步使人们的需求不断增加，单纯的物质生活已经难以使人们的多元需求得到满足。在接触体育活动后，人们会渴求健康，希望通过体育来完善自我，获得健康的身体和优美的形体。体育活动不仅能够使人保持基本的健康，还能够提高人的生命活力，使生命的意义得到进一步拓展。高校体育文化还有利于促进学生身心的健全。体育活动充满竞争与趣味，其鼓励人们积极进取，倡导人们在竞争的同时体验活动的乐趣，这对培养人的拼搏精神和缓解人的心理压力具有重要的意义。学生的心理素质还不够完善，很容易因为一些因素的影响而产生不良心理，而体育活动对缓解学生的不良情绪与心理具有积极的作用。

（二）教育功能

1.育人功能

高校体育文化对人的影响是悄无声息的、是潜移默化的，这也是高校体育文化与其他高校文化的一个不同之处。高校体育文化的育人功能从两个方面反映出来：第一，学校通过开设体育课程将体育知识、技能传授给学生，促进学生知识的丰富与技能的提高；第二，学校组织开展多种形式的课余体育活动，对学生的知识结构进行改善，促进学生个性的发展、物质与精神生活的丰富、社交需要的满足，并对学生的交际能力与合作精神进行培养。由此可见，高校体育文化在培养人才方面具有全面性的作用。只有充分发挥高校体育文化的育人功能，才能更好的对适应社会发展的全面型人才进行培养。

作为社会文化系统的重要组成部分，高校体育文化具有鲜明的高校特色。学校这个文化环境相对而言是比较独立的，因此高校文化这一文化体系也具有相对独立性。在学校这个环境中，高校文化以无形的力量推动全校所有人员的进步与发展，向每一个人施加教育方面的影响，这是高校文化的重要价值取向。高校体育文化是高校文化群中的一个重要成分，高校文化的特征在高校体育文化中也有突出的体现，因此二者的价值取向是相通的。高校体育是师生共同参与的体育活动，高校体育文化对师生，特别是对学生的教育就是在文化主体参与高校体育活动的过程中完成的。高校体育文化教育功能的发挥有助于对师生的智能结构进行改善，有助于学校人类理性精神和人文精神的发扬，有助于对师生的潜能进行开发，同时有助于学校教育目标的顺利实现和对素质教育的进一步贯彻。在师生思想品质和身心素质培养方面，高校体育文化具有得天独厚的优势。

2.激励功能

高校体育文化具有一定的激励功能，其能够使高校内每个成员的学习与工作动机得到强化，能够对高校人员学习与工作的积极性、主动性和创造性进行调动与激发。一些人以"运动机器"来称呼运动员或高校体育积极分子，而且在高校竞技运动中以"运动成绩论英雄"，这些都是不应该提倡的。高校体育文化能够使学生的事业心和责任感不断增强，能够使学生以饱满的精神和积极的心态参与学习，所以我们应该引导全校人员树立共同的体育目标、体育价值观、体育理想、体育信念，从而进一步促进高校体育文化的繁荣发展，并为我国体育事业的迅速发展培养优秀的人才，使高校体育文化和体育事业紧密结合，共同进步，共创辉煌。

事实上，高校体育文化的激励问题是一个使主体需求不断得到满足的问题。高校体育文化为高校人员创造了和谐的体育氛围及人际关系环境，高校人员在这一环境与氛围中能够获得精神方面的满足。高校体育文化也为高校人员提供了良好的体育文化享受空间及创造空间，在这一特定的空间内，高校人员可以利用现有的体育场馆设施、体育器材等满足参与体育活动需要。高校人员在参与活动的过程中，其体育人生观与信念会不断强化与升华，这也是高校体育文化激励功能的重要反映。

3.智力促进功能

人体集中精力以稳定的情绪敏捷地从事艰难、复杂和创造性活动的能力就是所谓的智力。青少年时期是智力快速发展的阶段，高校体育文化活动有助于促进学生智力的发展。研究证明，经常参与体育活动，可以保证大脑能源物质与氧气供应的充足性，因而可以使大脑神经细胞得到充分的发育。不同的运动动作具有不同的性质，不同性质的运动动作对大脑神经系统的刺激也是不同的，各种运动动作能够不同程度地促进运动参与者大脑皮层细胞活动的强度、灵活性、均衡性的提高，从而可以使整个大脑神经系统的结构、功能得到改善。学生参与各种形式的高校体育活动，能够使大脑疲劳快速消除，头脑逐渐清醒，精神更加充沛，这对学习效率的提高具有积极的意义。体育活动还能够促进学生感知力、思维力、想象力、注意力、记忆力等的提高与增强。

4.凝聚功能

目前，人们非常关注高校体育文化的凝聚力问题。高校体育文化是连接高校人员和体育的重要纽带，其发展的目的是将个体目标整合为学校体育的总目标。

作为一种群体文化，高校体育文化的构建必须借助群体的力量，由群体共建的高校体育文化反过来又影响着每个个体，使个体将学校体育行为风尚内化为自我要求。人们在不同的阶段所参与的体育活动是不同的，因此他们所了解的体育文化也是有差异的。随着时间的推移，人们掌握了越来越多的体育知识，对体育的认识越来越深入。不同时期的体育活动对人们产生的影响也是不同的。学生在不同教育阶段所参与的高校体育活动都对其社会化发展起到了积极的影响，如高校体育对学生的社会认同感、团队意识进行了培养，使学生树立了平等、公正和竞争的体育理念，并学会遵守规则。客观上来说，高校体育文化规范了学生的行为方式，有利于学生养成良好的体育锻炼行为习惯。

在学校体育中，各种类型的体育活动大都是以集体的形式组织的，如体育课、早操、课间操、课余运动训练、体育竞赛等。它们基本上是以集体（班、组、队）为单位来组织的，每一个参与者的体育行为都会对集体的得失与荣誉带来影响。集体性的高校体育活动对学生具有重要的教育意义，对学生群体意识和集体主义观念的树立具有积极的推动作用。学生在参与集体活动的过程中，会逐渐树立热爱与关心集体、服从与维护集体的意识，这也是高校体育文化凝聚功能的一个重要体现。

集体性体育活动需要多名学生共同参与才能顺利进行，这就要求参与者具有高度的协作意识与配合能力，任何一名参与者的失误都会对最终的运动成绩造成影响。而参与者只有通过长时间的练习才能够形成默契的配合。在长期的练习过程中，学生之间相互帮助，互相理解，友谊不断加深。学生在练习的同时也树立了以集体利益为主的大局观，并会在训练与体育竞赛等实践活动中为一个共同的目标而努力拼搏，为集体的荣誉而奉献自己的力量。学校开展丰富多样的高校体育活动，营造高校体育文化氛围，有利于进一步提高高校体育对广大师生的吸引力，从而使师生积极参与到各种体育活动中。师生在参与活动的过程中，彼此间的感情逐渐加深，集体意识也逐渐得到强化，这对高校团体内聚力的提升具有积极的意义。

高校体育文化之所以具有强大的凝聚力，主要是因为每一位高校人都普遍认同高校体育，理解高校体育。体育活动为团体成员之间相互沟通和相互理解提供了良好的机会，团体成员在活动过程中彼此信任，共同为团体荣誉而奋斗，共同维护他们之间的友谊。校内体育竞赛能够增强班级、团队的凝聚力，校际体育比赛可以使一个学校的凝聚力得到提升，同时能够使全校师生员工的责任感、荣誉感以及归属感不断强化。

（三）情感功能

1. 娱乐功能

体育是一种积极健康的文化娱乐方式，也是一种非常重要的精神文化活动，它已经成为高校人现代生活中不可缺少的一部分。高校体育文化能够调节学校成员的生活方式和精神状态，使学校成员的体育需求和愿望得到满足，能够促进高校人员身心的健康与愉悦，使高校人员保持积极饱满的精神状态。

体育是一种要求参与者身体直接参与的活动形式，学校师生在参与高校体育活动的过程中，与身体最为密切的人格要素（如健康、力量、素质、审美、智慧、性格等）都会得到不同程度的锤炼，并会感受到一股力量在激励自己不断奋进。由此可见，高校体育文化有利于营造生机、协调、美好的高校生活氛围。师生在这样一种高校文化氛围中生活，自然会受到感染。这样，其个性品质、能力都会得到不断完善，精神境界也会得到一定的升华。

2. 审美功能

高校体育文化的审美功能是无形的，我们可以从学生的情感体验中看到高校体育在审美方面的价值与功能。更快、更高、更强是体育运动不懈追求的价值目标，高校体育文化同样将此作为追求目标，更快、更高、更强集中体现了体育美的特质。

3. 陶冶情操功能

高校体育文化具有陶冶情操的功能，主要体现在以下两个方面。

（1）陶冶情感品质

高校体育文化有利于培养学生良好的情感品质，这主要是通过情绪的自我调节和情感的自我优化而实现的。高校体育有利于对学生顽强的意志品质进行培养，使学生遇事更果断、遇到困难更坚毅、遇到不良诱惑更具自制力。各种高校体育活动的举办有利于创建团结活跃、朝气蓬勃、积极向上的文化氛围，有利于素质教育在体育领域的进一步落实。

（2）陶冶思想修养

高校体育文化活动对广大学生的影响与教育是通过文化氛围、激励机制、实践活动等因素实现的，高校体育文化对学生具有很强的感染力，使学生能够积极主动地投入这一体育锻炼的环境中。学生在这一环境与氛围中既学到了体育方面的知识，又锻炼了身体；既丰富了自己的生活，又锻炼了自己的运动能力和组织能力，还形成了良好的竞争与合作精神。体育竞赛活动能够使学生懂得自尊、自爱、自强，可以促进学生竞争与合作意识的强化；体育讲座能够使学生树立积极健康的健身观念；体育实践活动能够促进学生意志力的增强和良好个性的形成。学校可以针对不同学生的不同需求来对体育活动进行组织，从而有针对性地促进学生思想修养的提升。

第六章　高校体育文化建设

第一节　高校体育文化建设的原则与要求

高校体育文化建设也需要有一定的理论来提供相应的科学指导，只有这样才能更好地促进高校体育文化的建设，并形成一个完整的体系。

一、高校体育文化建设的原则

（一）主体性原则

高校体育文化建设要遵循主体性原则，也就是要遵循以人为本的原则。学生是高校体育文化的创造者和受益者。高校体育文化建设理应围绕着学生这个主体来进行。现代教育理念已经从过往的单一向学生教授某项技能或知识，向全面的素质型教育转移，新型的素质教育更加注重对学生全面性和社会适应力方面的培养，即培养出德、智、体全面发展的综合型人才。高校体育文化的建设应该继续秉承这一理念，使学生能够在这种有利的氛围下，通过丰富多彩的体育运动得到充分的锻炼，并对体育观念、体育精神、体育价值、体育道德有一个正确的认识，同时把公平、公正、公开的体育原则，更高、更快、更强的体育精神融入日常的生活和学习当中。学生在享受参与体育活动体验的时候，还应该能够亲自组织某些体育活动，了解其中的组织方法和运行规律，这是另一种能力的培养。在这些要求下，高校体育文化的建设要确定学生是高校体育文化的主体，学校组织的体育活动要以学生为核心，去了解学生需要什么，想要得到什么样的体育文化氛围，并将这些视为高校体育文化建设的首要原则。一旦脱离了学生作为高校体育文化主体的这一理念，一切的行为就都是游离于形式的，没有实质性作用的文化形态是没有生存价值的。

（二）与时俱进原则

事物都是处在不断变化发展中的。新鲜事物的频繁出现必定会影响整个社会的变革，因此，文化也就在这种变化中逐渐改变。尽管文化是时代的产物，每种文化都有其固定性的一面，但总体上看，几乎所有文化在面对社会变革的时候也会发生或多或少的改变。高校体育文化也是如此，如20世纪80年代的排球热到20世纪90年代变成了足球热。随着这些运动的蓬勃发展，高校体育文化也做出了相应的调整，一时间，排球、足球运动成为高校体育文化的主流。

（三）统筹协调原则

高校体育文化包含的内容较多，因此它的建设是一个系统工程，要做到多方面统筹兼顾、相互协调。只有做到这些才能将高校体育文化建设得合理，才能使建设过程有序、顺利，才能够得到文化主体的赞许。在建设高校体育文化的过程中应遵循统筹协调原则。主要表现在以下几个方面。

1.软件与硬件协调

"软硬"结合主要指与高校体育文化有关的软件和硬件之间的匹配与协调。其中，硬件包括承载各种体育活动的体育场地、体育器材、体育师资队伍和体育社团等；软件则包括了高校师生的体育精神、体育制度和体育观念等。

通过多年实践，我们发现，高校体育文化的建设不应过分偏重某一方面，而是应该尽量做到"两手都要抓，两手都要硬"，软硬兼施，两者协同发展，只有这样才能确保高校体育文化的发展始终保持在一种平衡的状态下，进而达到事半功倍的效果。在建设过程中，如果学校的硬件设施完善，但软件设施建设与现存的高校体育文化格格不入，体育活动组织内容单一，没有把学校具有的硬件设施充分利用起来，那么学校的硬件设施就成了一种摆设，优良的硬件设施只能作为展示实力的摆设。相反，如果学校的组织内容多样、制度完善，但硬件设施始终跟不上组织活动的要求，那么，所谓的组织计划、规章制度就只是一种空谈，因为它缺乏必要的承载物质。由此可见，"硬"是"软"的基础，"软"是"硬"的条件，只有两者协调发展，高校体育文化建设才能更加快速地前进。

2. 课堂教育与课外活动的协调

在现代高校中，体育教育的形式主要有课堂教育和课外活动两种形式。因此，高校体育文化的建设就要建立在这两种形式的基础上。

在我国，体育课已经成为各级各类学校的必修课，体育教学大纲规定了学生每周最少的体育活动时间。体育课又分为室内课和室外课。其中，室内课主要讲授一些体育理论性知识，或者是体育相关的运动医学、疲劳的恢复与营养等内容。它是由体育教师根据教育部颁布的体育教学大纲按照班级授课制的方式进行的。从总体上看，体育理论课所占的比重较少。室外体育课则以实践为主，主要传授学生某项体育运动的技战术方法、体育游戏的开展方法，以提高学生的运动技能为主要目的。它采取有计划的、循序渐进的教学方法，对成套的运动套路进行分阶段的解析。实践课所占的课时比例远远高于体育理论课的课时比例。

课外活动也是高校体育的重要组成部分，尽管它并不是国家规定的活动内容，但它的丰富程度在很大程度上决定了高校体育文化的开展水平。相比传统的课堂体育教学，课外体育活动拥有更强的生命力。其原因就在于时间充足、形式多样，是一种对课堂体育教学的补充与完善。

由于课外活动不受教学大纲限制，它体现出比体育课更为灵活、内容更为丰富的特点，能够充分满足学生的个性需求。但需要注意的是，课外体育活动并不是简单的、无目的的"疯玩"，它也需要理论知识和运动技能做基础。因此，需要把课堂上的理论知识赋予课外活动实践，用实践的经验来补充理论知识，求得两者相互完善。

二、高校体育文化建设的要求

（一）物质文化建设要安全、实用

1. 安全性

健康体育有许多理念，其中，安全是最基本的理念。在学校体育活动中，有时会发生安全事故，这与安全这一基本的理念是相违背的，所以在进行高校体育物质文化建设时要对安全性进行特别强调，要经常检查体育场地与器材等，年久的器材与不符合标准的器材要及时更换，以确保学生安全。

2. 实用性

许多学校的体育场地与器材都是比较紧缺的，所以在修建体育场地、购买体育器材时，要注意器材与场地的实用性，要坚持的主要原则就是最大限度地使学生的体育需求得到满足。一些学校在设计体育场地时，仅仅是为了好看与时尚，却将实用性忽略了，这样不但浪费资金，而且没有实用性，不能满足学生的需求，难以发挥器材和场地的价值。

（二）组织形式要多样化

建设高校体育文化需要与时代发展的要求相适应。现在，学校中开展的高校体育活动仅有运动会、体育课、课间操等，但这些已经不能与时代发展的要求相适应了，也不能使学生的体育需求得到充分的满足。与此同时，高校体育文化发展必然要求学校要组织丰富多样的体育活动，既要确保其具有健康的体育内容，又要确保体育活动具有娱乐性特点。所以，多元化发展道路是高校体育文化建设的主要方向。多元化的发展主要通过多样化的组织形式体现出来，多样化的组织能够使学生有更多选择的空间。只有多元化的组织形式才能满足学生的体育需求，才能使学生更加积极地参加体育锻炼活动。

高校体育文化的健康性与娱乐性也要通过多样化的组织形式体现出来。倘若学校只有单一的体育组织形式，那么就会降低学生参与的积极性，高校体育文化的健康性与娱乐性也就难以实现。

（三）内容要具有健康性和娱乐性

1.健康性

建设高校体育文化要以"健康第一"为主题。一方面，学生正处于身体发育的关键与最佳时期，参加体育锻炼能够促进发育进程的加快，使学生拥有一个健康的身体。高校体育文化的建设要为学生营造一个健康的体育锻炼环境，这主要体现在以下几点：第一，有良好的体育物质文化。第二，有精英体育教师的指导。第三，有健全的高校体育健身模式。第四，有浓厚的高校体育文化氛围。另一方面，学生的思想稳定性较差，高校体育文化建设要求教师经常向学生宣传体育意识，使学生树立正确的体育观、人生观，使学生能够将体育精神深入自己的生活中，影响自己的行为习惯，从而提高抵抗外界诱惑的能力，免受身心侵害。

2. 娱乐性

学生的学习负担很重，压力也很大，因此精神上就会受到影响。如果经常处于紧张状态，学生就无法拥有健康的身体。而高校体育文化的娱乐性能够使学生消除紧张心理，放松身心。学生需要参加丰富多彩的娱乐项目，才能获得精神上的愉悦和享受，才能处于积极乐观的状态，才能有利于学生的成长，才能提高学生的学习效率。

（四）体育文化建设要持之以恒

要掌握体育技能、提高体育意识、树立正确的体育观，学生需要不断接受体育教育，参加体育锻炼，而这在短时间内是不可能全部实现的。因此，高校需要对学生进行坚持不懈的指导。

在高校体育文化建设的过程中总会持续不断地出现问题，而且这一过程中出现的问题通常带有时代的因素。所以，只有长期坚持高校体育文化建设，用时代的眼光进行建设，才能防患于未然，才能有效解决不断出现的问题，才能更好地使高校体育文化为学生服务。

第二节　高校体育文化建设的内容与形式

高校体育文化的建设包含多方面内容，并表现为多种形式，有体育课、课外体育活动、课余体育训练、体育竞赛、体育文化节，等等。本节主要就以上几种常见的高校体育文化建设的内容与形式进行论述。

一、体育课

（一）理论课建设

建设高校体育理论课的基本思路是，向学生讲授相关体育文化知识、体育卫生保健知识。通过向学生传授体育基础原理和知识，学生能够对体育，对人类社会、国家、自己未来生活和工作产生的重要影响有更加深刻的理解，从而使学生能够积极地参与到体育的学习中来。通过向学生传授保健与卫生知识，学生能够对健康的重要性和身体健康所需要的环境有一个准确的认识，从而掌握一些基础的保健方法，并且更自觉地爱护环境、保持健康。此类理论内容要力争与学生现实生活中可能遇到的实际问题保持密切联系。不仅如此，在理论课建设中，对这类内容的选择要切忌支离破碎、简单无逻辑地罗列知识，而是要注意紧跟当前社会重点发展潮流，精选针对学生有重要意义的体育、保健原理来组织教学内容，并注重结合运动实践部分的内容来组织建设。

（二）实践课建设

1. 田径

田径运动与人的走、跑、跳、投等基本活动能力有内在关系，所以被誉为"运动之母"。通过此项教学内容，学生能够了解田径运动，理解田径运动在锻炼身体中的意义，明白跑、跳、投等的基本原理和特征，并掌握一些基础性、实用性较强的田径运动技能，学会用田径运动来了解增强体能的方法和注意事项。田径教学内容既与田径运动技能有直接联系，又与人克服障碍、进行竞争的心理要求有内在联系。因此，应从文化、竞技、运动、心理体验以及发展体能作用等多方面去全面地理解、分析教学内容并组织教学。

2. 体操

体操运动包括技巧、支撑跳跃、单杠和双杠等。它是发展人的力量性、协调性、灵活性、平衡性等能力最有效的运动。体操的历史较为悠久，自人类进入文明时代后，体操就一直伴随着人类的发展，它还与人克服各种外界物体的心理欲求有联系。通过此项实践教学内容，教师应使学生了解体操运动文化的概貌，了解体操运动对人体锻炼的价值和作用，明白基本的体操原理和特征，掌握一些典型的、实用性较强的体操技能，并学会用体操的动作来进行身体锻炼和娱乐，运用保护与帮助的方法去安全地从事体操运动。

对体操实践内容进行选择时，主要要考虑它的竞技、心理、生理等方面。

在教学过程中要注意循序渐进的原则，通过逐步加大动作难度、幅度，使学生的技能得到切实提高。

3. 球类

球类运动包括足球、篮球、排球、乒乓球、羽毛球、橄榄球、网球等。通过此项教学内容的传授，学生能够对球类运动的概况和球类比赛的共性有所理解，能够对球类运动的基本技术和战术技能有所掌握，从而具备一定参加比赛的知识与技能。此类教学内容中的技战术通常较为复杂，每种技战术或技战术之间的组合相互依存、相互制约。若要选出适合教学的内容就显得比较困难。如果只是对单一技术进行教学，那么就失去了球类运动的本质，比赛和应用也就不顺畅，也会导致学生对球类运动失去兴趣，最终也不能使单个技术得到运用和提高。而若想整体详细讲解和介绍又需要较长的时间，有些球类运动若想达到一定的教学目标，至少需要一学年的时间甚至更长。如果计划开展此类项目，则应通盘考虑，注意把技术教学、战术教学与教学比赛结合起来。

4. 民族传统体育

民族传统体育的内容有武术及各民族的传统体育内容。此项教学内容能够使学生对中国优秀的、丰富的民族传统体育情况有所了解，并懂得用其来健身、自卫的方法，还能使学生在学习技能的同时理解中国的"武德"精神，讲究武术中的礼貌举止，它甚至还可以与爱国精神、民族自尊心的培养结合起来，教会学生热爱祖国。

民族传统体育教学需要较长的教学时间，同时还要兼顾教学的实效性。对普通学生而言，鉴于民族传统体育往往需要较强的基本功，这种基本功不是一朝一夕能够习得的。因此，教授这种教学内容时的重点不应只是放在一定要学生在学习过后能够完美地练一套套路。传授这部分教学内容应根据学生的心理特点强调教学内容的文化性、实用性、范例性，并使其了解到教学内容的文化背景和意义。

5. 韵律运动

韵律运动包括健美运动、民间舞蹈、健美操、体育舞蹈、韵律操、艺术体操等内容。在组织韵律运动的教学内容时，应从审美观培养、舞蹈音乐理论介绍、感情表达能力培养和健身效果等多方面考虑。之前，此类教学内容过多地考虑动作练习的教学以及练习中的不断上量等，而对向学生传授一些基本原则并让学生尝试自编的要求较弱，应予以考虑加强。

二、课外体育活动

（一）教师的课外体育活动

教师是高校体育文化的主体之一，开展针对教师的课外体育活动是十分必要的，这不仅是对高校体育文化氛围进行积极营造的要求，也是全面健身活动发展的要求。

针对教师的课外体育活动主要包括以下两个方面。

1.组织有利于缓解压力的体育活动

登山运动、春游等不仅能够使教师缓解压力，锻炼身体，还可以消除心理疲劳，形成良好的精神面貌。也可以举办一些体育比赛，如教师田径赛、教师排球联赛、健美操比赛等。教师自觉参与体育锻炼，能够在促进自身技术水平提高的同时，拥有健康的身体。

2.组织师生之间的体育比赛

教师在日常上课时比较严肃，学生自然就会对教师有一种害怕心理，距离感由此产生。而通过参加师生之间的比赛，师生就共同处于一个层面，从而能够自由地发挥自己的个性和体育技能。他们可以在比赛结束后针对体育或共同感兴趣的话题展开讨论，这样就能够增加师生之间的感情，使师生之间不再感到陌生，学生也不再害怕教师，双方的距离自然就拉近了。

有一些教师年龄比较大，不能参加登山之类的户外运动，也不能进行大强度的体育比赛，因此可以选择参与一些强度小的活动，如武术、太极拳等。

（二）学生的课外体育活动

学生的课外体育活动有以下几种形式。

1.全校活动形式

全校活动具有庞大的规模、恢宏的气势和巨大的影响力，而且可以进行统一领导与指挥，操作起来比较方便，也为组织与管理者的督促、检查与评价工作提供了便利。全校活动形式的主要作用表现为以下几点。

可以促进班级、年级之间相互学习、共同进步。有利于对学生进行爱国主义与集体主义教育。有利于提高学生遵守纪律的意识和培养学生的集体荣誉感。

全校活动的开展也会受到一系列因素的限制，如场地、组织措施、学生个体差异等因素，全校活动比较适合早操与课间操等活动。

2. 班级活动形式

生动活泼、便于组织管理、选择余地较大、限制因素较少以及锻炼效果良好是班级活动形式的主要优势。班级活动以教学班为单位，由班级体育委员负责组织，团支部、学生会等组织的其他班干部的主要职责是协助配合体育委员。班主任与体育教师主要负责指导和辅导班级活动的开展。

3. 小组活动形式

小组活动可以根据学生班级、学生性别、学生兴趣等因素自然分组。如，根据学生体质与兴趣爱好成立足球组、体操组等。各组由体育积极分子或项目擅长者担任组长，小组在组长的带领下开展活动。也可以根据季节与场地器材等条件的不同来灵活选择小组的具体活动内容。

4. 团体活动形式

团体主要是由体育兴趣爱好和特长相同或相似的学生自发组成的。共同的目的、兴趣爱好和特长使学生能够自发组织起来，共同开展体育活动，共同学习与交流，共同提高与进步，从而增进友谊，并通过团体体育活动体验成功和快乐。团体开展的体育活动形式多样。

团体的组织比较松散、自由，成员多少视具体情况而确定，且团体内的成员相对不固定。团体的成员没有局限在一个班级或一个年级中，他们可以是本班与本年级的学生，也可以是其他班与年级的学生。团体活动不需要进行专门的管理，主要是因为团体组织相对比较随意，没有固定的活动时间和地点。

在学生的课外体育活动中，团体的体育活动具有其他组织形式无法比拟的重要作用，它有利于学生体育兴趣与爱好的形成和发展，有利于促使学生养成良好的体育锻炼习惯，有利于促进学生终身体育意识的形成与发展。学生可以通过团体活动获得身体、心理和社交等方面的全面发展。

5. 个人活动形式

个人活动指的是学生根据自己的体育兴趣爱好与需要，根据体育锻炼的方法与要求，自觉自愿地选择体育锻炼项目，在体育课外活动中进行单独锻炼的活动方式。个人活动是一项非常重要的体育实践活动，它反映了学生体育意识的觉醒，有利于促进学生体育兴趣的形成和发展，也有利于学生养成并巩固良好的体育锻炼习惯，从而帮助学生实现体育学习的终极目标。

通常情况下，学生大都是因为对体育有较浓厚的兴趣才会自觉进行体育锻炼，经常参加体育锻炼的学生在体育知识、身体素质、运动技术技能等方面都具有良好的基础，是班上的体育积极分子。因此，教师要积极做好这类学生的引导工作，使他们的特长充分发挥出来，达到以点带面、整体提高的目标。

个人活动可选择的内容十分广泛，学生大多选择与自身兴趣爱好与需求相统一的体育项目进行锻炼。个人活动与全校、班级、团体等集体活动并不矛盾，绝对的排他性是不存在的。恰恰相反，个人活动与集体活动在一定程度上可以相互促进与转化。

6. 俱乐部活动形式

近些年，在学校尤其是高校中，体育俱乐部这种课外体育活动组织形式相继出现。俱乐部主要分为两类：单项俱乐部和综合俱乐部。学校主要根据本校的场地设备、体育传统优势与师资力量等因素创办俱乐部。筹建俱乐部的经费主要源于学校下拨的经费、学生缴纳的会费与社会赞助。学生按照自身的兴趣与爱好自愿加入俱乐部，在俱乐部内进行自己感兴趣的体育锻炼活动。学生参加俱乐部的目的各有不同，一些学生是为了提高技术技能水平，一些学生只是为了参加课余体育训练，还有一些学生只是为了娱乐。俱乐部活动的主要特点是有专门的组织管理和专业的指导教练，俱乐部活动的效果良好，深受广大学生的推崇与喜爱。

三、课余体育训练

课余体育训练是指为了发展部分在体育方面有一定天赋或有某项运动特长的学生的体能和身心素质，提高他们某项运动的技术水平，从而利用课余时间，以运动队、代表队、俱乐部等形式对他们进行较为系统的训练，它是为竞技体育培养后备人才的一种体育教育过程。课余体育训练是我国学校体育的组成部分，我国颁布的《学校体育工作条例》中明确规定了要开展多种形式的课余体育训练。

课余体育训练要通过对具有运动特长的学生的训练，提高学生对体育的认识，使其掌握一些专项与非专项技战术和知识，并通过加强身体、技术、战术方面的全面训练，促进身体的正常发育，提高各系统器官的功能，发展体能，培养良好的体育道德作风和顽强的意志品质，并为进一步的专项运动训练打下身体、心理、技术、战术和思想品质的良好基础，从而为提高运动技术水平，输送优秀体育后备人才和群众性体育骨干服务。这便是学校课余体育训练的目的，其具体方法可以从以下三个方面进行阐述。

第一，学校课余体育训练要促进学生体能发展与运动能力的提高。学生身心发展处于发育关键时期，在这一时期进行训练，不仅能保证学生的正常生长发育，还能使其生理功能大大提高，从而提高运动素质和运动能力。

第二，学校课余体育训练应该是学校培养高素质人才的补充措施。课余体育训练能帮助学生掌握体育的基本知识和技能，促进体能和综合素质的提高，为运动队或群众体育提供人才。

第三，学校课余体育训练应该完善学生道德品质并提高其精神意志力。学校课余体育训练，要力求使学生得到爱国主义、集体主义和社会主义教育，提高学生对体育的兴趣，使其竞争意识、合作精神和拼搏意志得到培养。

四、体育竞赛

高校中开展的体育竞赛主要有以下两种。

（一）校内体育竞赛

校内体育竞赛能够发展学生的个性，培养学生的能力，陶冶学生的情操，并能够创造良好的学校体育氛围，这些作用都是其他活动所无法替代的。学校应该开展多元的体育竞赛，主要开展原则就是面向学生、服务学生，在开展中需要采用大众化的组织形式、比赛方法。

以组织的等级为依据，可以将校内体育竞赛分为校级体育竞赛、院级或年级体育竞赛、班级体育竞赛。竞赛的项目主要有田径、篮球、羽毛球等。此外，也要对一些小型的比赛进行组织，如接力赛、拔河比赛，这些比赛的参与者众多，能够使更多的学生参与进来。与校际的体育竞赛相比，班级之间的体育比赛灵活性更强，而且也特别普遍，对不同的体育爱好者都是比较适宜的。校内体育竞赛的开展可以为高校体育文化提供一股强大的凝聚力。

（二）校际体育竞赛

开展校内体育竞赛的主要目的是对体育精神进行传播，使学生参与到体育锻炼中，而开展校际体育竞赛的主要目的是加强校际交流，提高学校文明形象，同时加强学校与社会的交流。世界大学生运动会和世界中学生运动会是校际开展的比赛中级别最高的校际体育竞赛活动，此时的校际比赛已引申成为国际比赛。通过比赛，学生可以将自己的活力与实践技能展示给全世界。

五、体育文化节

学校价值观念的传播方式之一就是高校体育文化节，文化节的举办能够将学生参与体育锻炼的兴趣有效地激发出来。体育文化节的主要载体是体育活动，宗旨是公平竞争、团结协作、拼搏进取，主要目标是"健康、快乐、文明"，同时也注重对师生体育道德素养的培养。现在高校体育文化的传播离不开文化节这一重要的形式，体育文化节主要是集中一周的课外活动时间，对各种活动进行开展，面向全校所有学生，为学生提供良好的机会来对体育运动的乐趣加以体验。学生可以利用这一平台将自己的才华展示出来，充分发挥自己的个性与技能。

体育文化节也可以在节日里举行，如在劳动节、国庆节、元旦节举办学校篮球、足球、羽毛球等联赛，分教职工、学生两组进行循环淘汰赛，这样不但能够充实师生的节假日生活，还可以提高师生的集体荣誉感和竞争意识。

第三节　高校体育文化建设路径

高校体育文化作为校园文化的一部分，是一种有深刻内涵和丰富外延的社会文化现象，是大学生在进行校园体育实践中形成的物质和精神财富。校园体育文化是高校体育工作的重要组成部分，在素质教育中有着不可忽视的作用，高校应重视和加强校园体育文化建设。

一、高校体育文化精神建设

体育精神是一种内在的精神力量，体育精神存在于校园体育活动的方方面面。在信息社会，信息技术的应用使得信息传递速度加快，也为体育精神的传递增添了新的活力。

（一）对高校体育精神的认识

体育精神是一种文化意识形态，是通过体育运动形成并集中体现人类的力量、智慧与进取心理等最积极意识的总和，是体育运动的最高级产物。它从文化角度反映了人类自身的崇高。体育精神的魅力能够产生较强的鼓舞力、感染力和征服力而成为体育本身所特有的最积极的教育因素，进而能够指导和影响人类的生活方式和体育实践。体育精神的展现，是运动技能、技巧和多种优秀心理品质作用于运动的身体之后的升华。

1.高校体育精神的含义

校园体育文化是指体育文化在校园这个特定时空环境中的存在形态和发展方式。高校体育精神则是指一定历史阶段，在校园体育文化建设中积淀、整合和提炼出来的，反映高校体育文化的行为准则、价值观念和意识的总和，是校园人的体育精神生活方式和意识形态的反映。一般说来，高校体育精神包括以下含义。

（1）科学精神

高校体育的科学精神，体现在高校体育教学与训练、活动与比赛中按规律和制度办事，不能盲从。并要认真地分析和研究，对那些符合先进文化本质和发展规律的校园体育活动，要积极总结、归纳，集中推广，力求以此构筑校园体育文化的主旋律。

（2）求善求美精神

求善主要体现在世界观、人生观、体育道德观等方面的价值判断上。高校培育出的人才，应该具有一定的历史使命感、正义感和正直的品质；一种爱校建校之心；一种团结互助、为人民服务的思想意识。求美，主要体现在审美实践上，要求师生培养正确高雅的审美意识，引导人们按着美的规律来规范校园生活的全部（包括体育环境美、体育行为美、体育思想美等），使整个校园洋溢体育美的气息。

（3）团结拼搏的精神

争先创优精神主要体现高校师生在体育训练中不怕困难和挫折的精神，具有坚强的毅力；在体育比赛中团结拼搏、勇于竞争、善于竞争，并力求争先创优。团结拼搏、争先创优精神的发扬既可以使校园充满生机和活力，又可以使师生员工形成一定的个性、形成一种催人向上的心理机制。

（4）创新精神

高校体育文化是总结、继承和传播人类优秀体育文化的成果，是在继承基础上的创新。作为高度的知识密集和智慧卓越的高校校园，师生期望创造新的体育文化，以符合时代发展的需要。创新精神是校园体育文化的一种综合体现。

（5）健康第一的观念

强健的体魄是服务社会、贡献国家、实现理想的基础条件，是实现人全面发展的重要方面，学校的主要任务是要培养社会主义现代化事业的接班人，这就要求必须树立健康第一的观念。

2.高校体育精神的特性

（1）鲜明的时代性

高校体育精神是高校所处一定历史时期的时代精神和时代风貌的具体体现。一所高校的体育精神，必将随着人类社会的重大变迁和高校的发展而发展变化，高校体育精神应该与时代精神相一致。

（2）稳定性

高校体育精神一旦形成，便具有一定的相对稳定性。这种相对稳定性使人们的体育思想、体育意识和体育行为得到一定程度的维系、巩固和规范。校园体育精神的相对稳定性，也标志着对民族传统体育文化和学校传统体育的继承和发扬，体现了优秀传统体育和时代精神的交融。

（3）个性特征

高校体育精神所具有的个性特征，是一所高校的体育精神区别于另一所高校体育精神的根本所在。由于高校之间在历史传统、性质、具体工作的指导思想、学校所在地区的体育文化环境等方面因素的差异，因此带来不同学校的师生在体育传统观念、体育行为方式等方面的不同，从而形成出一所学校特有的校园体育精神。

（4）渗透性

所谓高校体育精神的渗透性，是指高校体育精神能够发生辐射，渗透到学校教学、科研、管理等各项工作之中，渗透到师生员工的一切活动之中，渗透到人们思想、价值观念形成的过程中，从而影响和引导高校师生员工和高校体育文化的发展。它还可能渗透到校外的社会生活中，从而实现高校体育文化对社会和社会文化的辐射。

3.高校体育精神的价值取向

（1）先进性

高校体育是高校校园文化的重要内容，从价值观上看主要反映在校园体育精神上，它是校园体育的灵魂。校园体育精神价值取向先进性就是看它是否面向现代化、面向世界、面向未来，是否是民族的、科学的、大众的。

（2）科学性

科学是相对一般概念而言的，高校体育精神价值取向的科学性是指它的选择和评价不偏颇、不唯上、不迷信权威、不盲从、不执迷。高校体育作为校园文化的重要内容，要彰显体育的魅力和凝聚力，要理性地、认真地分析和研究那些符合先进文化本质和发展规律的校园体育活动，要积极总结、归纳，集中推广，力求以此构筑校园文化的主旋律。

（3）增进健康

增进健康是体育永恒的主题。在我国，人们对校园体育理解的差异，造成校园体育的功能和价值取向的不同。学校体育的唯技术、唯规范思想，削弱了体育增进健康的功能和作用。随着素质教育的实施和对校园体育功能的不断开发，校园体育所提供的多姿多彩的身体活动和娱乐方式，已使校园体育活动成为校园人增进健康至关重要的手段和方式。因此，以人为本、增进健康是新世纪校园体育精神的核心价值取向。

（4）促进个性完善

一般说来，个性结构包括个性的倾向性、能力系统和自我调节系统等基本要素，这个结构的完备与否，将直接关系个体身心能否全面发展和社会适应能力。高校体育活动是群体性和独立性相互交织的文化活动，参加体育活动的人，无论在个人竞技还是在群体比赛中，体力的改善和技能的获得、同伴的赞许和肯定，都会使参与者产生积极的情绪和由衷的满足感；长处和弱点的暴露，也同样会使参加者自我意识增强，从而也激励自我不断地战胜困难、挑战极限，并在校园体育活动中进行调整，这个过程是促进个性完善和发展的过程，也是校园体育精神的宗旨所在。因而，校园体育精神价值取向就在于促进个性完善。只有满足了个性完善，使之得到全面发展，才谈得上健康，才谈得上适应和创造，才是素质教育的具体体现。

（二）体育精神对体育文化的发展所起的作用

体育精神进入体育教学，将促进体育课程改革，一改以往单调而枯燥的传统体育教学模式，采用轻松活泼、形式多样的体育教学方式方法，可以增强学生的体育意识，促进广大青少年学生的健康、全面发展。因此，体育教学必须以人为本，树立体育精神的观念，让学生深刻认识参与体育运动的最高价值理念，使我国青少年能够真正科学、有效地投入到体育运动当中去，让体育为他们今后的学习、工作、生活带来终身受益。

1. 体育精神对体育教学的作用

由于体育运动具有竞赛性、对抗性的特征，竞赛结果又有不确定性，因此，它不仅能够引起广泛的社会关注，而且能够使人们产生强烈的情感刺激和情感体验，调整失衡心态。体育教师应运用体育课自身特有的教学特点，营造比赛氛围，让学生在不知不觉中意识到人与人之间团结合作、相互理解的重要性，同时激起学生积极向上的心理体验和社会责任感。体育教师通过体育课堂教学中设计的各项有计划、有目的的组织活动，不仅要向学生传授体育知识技能，更重要的是要在潜移默化中培养学生的集体责任感、奉献精神和团队精神，从而使学生懂得国家利益、社会利益和集体利益高于个人利益，只有具备良好的社会情感，才能成为对国家、社会、集体有益的优秀人才。

2.提高学生的心理素质和社会适应力

（1）体育有助于培养合作精神

合作是建立在团体成员对团体目标的认识相同的基础上的。在合作的社会背景中个人所得有助于团体所得。现代社会需要合作精神，一个人的力量微不足道，一个人要想在社会中取得成就，就要与他人合作。合作能力既是体育活动参与者必备的素质，也是需要通过体育活动发展的一种能力，体育教学对学生合作精神的培养具有积极的意义。

（2）体育锻炼有助于形成竞争意识

竞争是体育运动的主要特征之一。在体育运动过程中，时时处处都充满着竞争，既有对自己运动能力的挑战，也有与他人的竞争；既有人与人之间的竞争，也有团体与团体之间的竞争。现代社会竞争日趋激烈，努力培养竞争意识和能力有助于学生走出校门、走向社会后很好地适应。

（3）体育精神能够使大学生受益终身

大学生正处于人生最具活力、生气的阶段，活泼好动、勇于尝试，通过对大学生进行体育精神教育，有助于大学生克服怕苦怕累、意志薄弱、任性等缺点。学校体育教学除了培养学生良好的体魄、强健的身体，更要借助学生的体育兴趣，培养其良好的集体主义精神、拼搏进取精神、竞争精神、艰苦奋斗精神和创新能力等，这将使大学生终身受益。

3.体育教学与体育精神

丰富多彩的体育运动尽管其技术手段、比赛方法、胜负的形式各不相同，但其基本的体育精神却是相同的。大学生投入到体育运动中就已经开始接受体育精神的影响和教育，受体育精神的熏陶，改变和塑造着自己的人格精神。

第一，体育教师要培养学生树立体育精神的意识，认识体育精神对学生人格形成所起的重要作用，把体育精神的教育贯穿在整个教育过程中，时时刻刻充分利用体育精神培养学生的人格。

第二，教师细读精研教材，挖掘、提炼教学内容中的体育精神。

第三，教学过程中，教师用适当的教学方法和手段，培养学生的体育精神，注意教学细节对学生体育精神的教育。在深化教学改革的时代，体育精神的培养是体育教学的一个高层次的战略目标，所有的体育教师都应在体育精神的挖掘、提炼上，在体育精神教育的内容、教育方法和手段上狠下一番功夫。

（三）高校体育精神建设的途径分析

1.营造良好的体育文化氛围，发挥体育精神内隐式教育作用

体育精神是社会文化的一种，体育精神对人的影响是潜在的，能在无声无息中形成一种渗透力量。大学生所受体育精神的影响不仅发生在体育课程中，还发生在日常生活中。对大学生而言，处于一种良好的体育文化氛围中，能够激发其主动锻炼的自觉性，培养他们对体育的热爱，让大学生在体育锻炼中获得情感和精神的升华，进而达到文化教育的目的。国内有不少高校在倡导"我运动、我健康、我快乐"的体育运动理念，在体育活动中，大学生体会这种理念的精神实质，这为体育精神的传递和培养提

供了机会。体育精神也为形成正确的校园文化起到了促进作用，特别是在促进大学生形成好的体育锻炼习惯和健康的生活方式上，体育精神有着良好的促进作用。

2.创新教育方式方法，将体育精神内化为自觉意识与行为

教育目标可以划分为认知、情感、动作逐步递进三个层次。笔者认为教育目标的最高水平是把体育活动看成是人的自身价值的体现，笔者认为体育精神是通过体育活动将这种精神内化为人的情感，并对人的行动做出指导，成为人的精神支撑。因此，体育教育的方式方法也需要进一步完善，可以在体育教育活动中激发大学生的学习热情，让大学生能够主动地去感悟生活。从目前的情况来看，体育精神主要是在体育活动中才得到体现，高校举办的运动会、社团活动等，都可以展现体育精神。但是体育活动并非展现体育精神的唯一途径。如人们越来越依赖于即时通信工具，如QQ、微博、微信，大学生在虚拟空间中所花费的时间很多，可以更好地利用这些工具。如建立体育专用微博，在微博中植入健康生活的理念，这种易于被学生接受的方式，可以更好地让大学生感受体育精神，而且这种做法有助于体育精神的内化。

3.将体育精神培养纳入校园文化建设体系，形成长效工作机制

大学是培养人才的地方，体育精神对培养大学生拥有健康的心态、形成正确的校园文化都是有益的，但是体育精神是一个长效性的活动，不可能速成，需要学校在进行校园文化建设时将体育精神纳入校园文化建设中，将体育精神融入校园文化，形成人人讲体育精神的校园文化氛围。

4.构建体育活动价值体系，彰显体育精神价值

体育精神是在大量的体育活动中得到体现的，体育精神的表现形式比

较抽象，所以大学生在把握体育精神时需要注意进行区分。虽然很多学校都组织各种体育活动，但是在热闹的体育活动中，有时大学生并没有领会体育活动的深层价值，所以大学生的体育精神要想得到提升很不容易。体育精神需要细化，将体育精神和体育活动结合起来，是一种比较可行的方式。"重在参与"，这里的参与是指参与体育活动，有试试看、体验一下的意思，这种参与体现了对体育活动的主动探索性，在参与的过程中，发挥自我潜能。放弃参与，就是放弃发现自我的机会。体育精神注重的是参与，是体验，不是通过语言讲道理，而是体验后获得经验和道理。大学生本身是不同的个体，由于知识、经验的不同，对体育精神的领悟能力也有差异，所以，可以对体育精神进行细化，在此基础上形成体育活动价值体系，是十分有益的。

体育比赛中的企业与俱乐部联盟本质上也对体育精神的培育有着促进作用，所以说，多元化的方式融入体育精神培育工作中，可以使体育精神更有活力。大学生的日常生活和体育精神是密切联系的，体育精神是塑造大学生爱国爱家思想的重要力量，把高校的校园文化建设与体育精神的培育结合起来，是大学生发展的需要，也是以人为本思想的体现，而如今提倡大学生全面发展的理念，更需要将大学生的体育精神培养放在重要位置。

二、高校体育文化物质建设

校园体育文化是校园文化和体育文化的交叉，是指在学校这一特定环境里，全校师生在体育教学、课外锻炼、群体竞赛、场馆设施建设等活动中共同创造的物质财富和精神财富的总和。校园体育物质文化是人们通过感官可以感受到的一切物质性对象的总和，是在高校体育发展过程中积累下来的外在物化形式的统称，它包含体育场馆、体育设施、体育器材、体育雕塑、体育宣传设施等。可以说校园体育物质文化建设是高等教育人才培养过程中的重要组成部分。

（一）改变观念，加大高校体育物质文化建设力度

各类高校应根据自身的实际情况加大校园体育物质文化建设的力度。这不仅仅是要加强体育硬件设施建设，而且还要挖掘硬件设施中蕴含的人文价值。体育场馆、塑像、宣传栏等物质载体本身就是一种文化现象，它凝聚着人类的智慧，体现着人类的价值观。这些外在物质实体所承载的文化内涵对学生的思想起到了良好的陶冶作用。在进行校园体育文化建设时，应该坚持继承原则，不断创新和发展，吸收中外体育物质文化的精华，体现出时代、民族的特点和教育的特色，使体育硬件设施建设不仅体现现代化、高科技的特点，更能成为弘扬民族和传统文化的载体。

（二）实现多元化发展，使社会效益与经济效益有机结合

学校应向广大师生员工提供大量充足的体育活动场地设施，以便使他们拥有健康的身体、旺盛的精力和良好的健身习惯，从而更好地投入到教学和学习中去。这样健康向上的学生毕业后，走向社会和工作岗位，不但会对社会做出更大的贡献，而且会提升高校的声誉，吸引更多的优秀人才到高校中来。在此基础上，在课余时间把闲置的体育场地通过有偿服务的方式面向社会开放，吸纳一部分资金用于维护和管理场地可以有效缓解体育经费不足的压力，实现社会效益与经济效益相结合的目的。

三、高校体育文化制度建设

（一）高校体育文化制度建设的必要性

建设健康向上的高校体育文化，不仅是高校校园文化建设的需要，同时对提高大学生体育文化素质、身体素质，培养其终身体育思想，对促进

体育和校园精神文明建设都具有积极的作用，是值得高校工作者探讨和研究的课题。近几年，随着高校体育地位的逐步提高，高校校园体育文化建设也随着师生重视度的提高而有了长足的进步。高校开展了形式多样的体育文化活动，使学生的参与积极性有了很大提高，不仅促进了学生的身心健康，而且对培养学生的体育意识和运动能力起到了积极的作用。但是，在进步的同时也存在着一些问题和不足。

1. 高校体育管理中间环节薄弱

我国高等教育在宏观管理上制定了体育管理方针，也有相应的目标和评价机制，要求高等学校要努力构建学校体育与终身体育紧密衔接的课程体系，提高学生的体育意识、健身能力和欣赏水平，促进学生的全面发展。但缺少相对具体的管理方法，体育的管理和执行权下放到各高校。

2. 高校体育对管理对象的要求缺少个性化

当前大学体育教育存在学生体育兴趣不足的现象。许多高校体育运动只在少部分喜爱体育运动的学生中自觉进行，多数学生对体育课程的修学仅以修满体育学分为目标，或者将体育课看成繁重的文化课学习放松休息的时间，体育运动没有成为高校学生的自觉行为。

3. 高校体育社团管理组织水平亟待提高

体育社团是大学校园中较活跃的学生社团，是高校学生社团的重要组成部分，对丰富学生的业余文化生活起到了很大作用。但是，高校体育社团在飞速增长和快速发展的同时，因其管理等相关知识缺乏，学校又没有进行必要的指导和培训，使其不可避免地存在着组织松散、发展目标不明确等问题。

4.高校内部体育管理效率低下

高校内部体育管理体制机构缺乏灵活性，也缺乏与其他部门的协同性。我国大部分高校体育管理实行的是高校行政管理部门直接指挥为主，高校体育管理部门在一定范围内自我调节为辅的管理模式。这种模式很少考虑高校体育与社会体育的关系，也很少考虑高校体育管理与高校管理之间的联系和协同。

（二）学校内部管理机制具体的建议

学校管理是一项复杂的系统工作，需要调动一切可以运用的资源，构建全方位的保障机制，保证体育管理的质量。

1.树立以"健康第一"为主导的高校校园体育文化思想

学校体育工作者和管理者应该认识到建设校园体育文化是高校工作的重要组成部分，要拓宽学生的体育文化视野，培养积极健康的体育精神。

2.加强体育管理组织体系的建设

加强体育管理组织体系的建设应从两个方面予以考虑。一是建立学校体育管理与外部环境的联合机制，主要包括与校外单位和校内非体育部门组成具有协调配合职能的组织机构，对高校体育工作从宏观上进行有效协调。二是建立结构合理、层次清晰、高效有序的高校体育管理执行机构，细化高校体育管理各组成部分，实现科学有序管理。

3.充分发挥学生在校园体育文化中的主体作用

充分发挥学生在校园体育文化中的主体作用必须以学生为中心开展相应的体育文化活动。高校的体育活动应该保证体育活动项目多样化和体育活动生活化，要根据学生的特点做到不同人群体育活动的差异化。

4.积极开展高校体育竞赛活动

高校要通过开设高水平的传统体育项目，形成有自己特色的体育传统，这样才能提高学校体育的影响力，适应 21 世纪高校的发展潮流。高校还要结合本校的实际状况，开展校内的体育竞赛活动，通过广大师生参与体育竞赛活动，极大地改善大学校园的体育文化环境。

5.规范体育俱乐部的组织管理

高校应将体育俱乐部作为一项专项工作来组织。体育俱乐部的组建并不能削弱体育课的基础地位，体育俱乐部应由学校管理人员、专业教师和学生共同管理和运行；体育俱乐部不能成为一个休闲娱乐组织，而要成为具有具体管理职责和任务的全校性官方组织，参加体育运动的学生和教师要有备案制度，相应的档案资料要作为师生的考评资料。

6.提高高校体育设施的利用效率

高校应建立体育场馆和设施良好的经营和管理体系，必须对传统的封闭的经营方式进行改进，引进先进的管理模式及经营方式，并对社会实行有偿开放。学校应掌控体育场馆的经营模式，减少微观上的政策干预，调节有关部门之间的经济关系，调动体育场馆的管理人员的积极性，以此推动高校体育场馆的利用率以及服务水平。

（三）高校体育管理的原则

根据学校体育工作的特点与规律，学校体育管理的基本原则分为整体性原则、周期性原则、有序性原则、规范性原则、教育性原则和有效性原则。

1.整体性原则

学校体育管理的整体性原则包括两层含义。

（1）学校教育管理是一个有机的整体系统

它由若干个子系统组成，按工作任务可以分为智力教育管理、道德教育管理、体育教育管理等子系统。学校体育管理作为学校教育管理的子系统，应服从并服务于学校教育管理这个整体，处理好局部和全局的关系，使之与学校教育管理相适应，为培养德、智、体全面发展的一代新人做出应有的贡献。学校的有关部门也应该处理好全局与局部的关系，在抓学校教育管理的时候，将体育管理列入其中，使学校体育管理在学校教育管理中有相应的位置，并给予应有的重视和关心。

（2）学校体育管理作为学校教育管理的子系统

它自身又有一个由若干个更小的子系统组成的整体系统。学校体育管理的内容，可以分为体育教学管理、课外体育活动管理、运动队训练管理、体育竞赛管理等子系统。这些子系统虽然各自管理对象的内容与特点不同，所采用的管理手段和方法也存在差异，但它们之间又是相互联系、相互促进、相互制约的，并形成了学校体育管理的整体，为完成学校体育的总目标服务。

2.周期性原则

学校育人活动的周期性特点和规律，决定了学校体育管理的周期性。学生从进入小学开始到获得一定的学历毕业走上社会，这是一个通过多少年教育培养的全周期。而小学、初中、高中、大学，各学段又相对独立为一个大周期；每一学段又是以年级来划分，每一个学年又构成学年度周期；每一学期构成学期周期；直至每一天、每一次课、每一次活动，形成最基本的教学和活动单元。这种周而复始、循环往复、不断提升的过程，决定了学校教育管理的周期性，也决定了学校体育管理的周期性。

学校体育管理的周期性，要求在设计、决策各级各类学校体育发展战略、学校体育目标、体育教学大纲、体育锻炼标准和体育合格标准等事关学校体育全局的事项时，有一个科学的、通盘的思路和架构，使不同学段之间、不同年级和学期之间，既互相衔接，又不断提高要求，以期达到理想的效果。学校体育管理的周期性，还要求实施学校体育的计划管理。计划管理是学校体育管理的极为重要的表现形式。计划的制定和执行，是学校体育质量的重要保证。可以这样说，没有计划，就不成其为管理，也就谈不上学校体育工作的质量。而计划的制定，又是以学校体育教育的周期性特点为依据的，如学校体育工作计划，就是以学年度和学期为时限的；体育教学计划，分为学年体育教学工作计划和学期体育教学工作计划；运动队训练计划，也是以学年度来划分训练周期的。

学校体育的周期性，还表现为学校体育工作和活动的季节性。由于我国四季分明，南北气候相差悬殊，因而在活动内容的安排上，总是考虑季节因素，因季节而异，如春季的校田径运动会、秋季的各种球类比赛、夏季的游泳、冬季南方的长跑活动和北方的冰雪运动，等等。

3.有序性原则

管理是一种有序的活动，学校体育管理也不例外。学校体育工作是一项复杂的工作。其对象的广泛性、工作内容的多样性和任务的繁重性等特点，决定了学校体育管理工作的复杂性。贯彻学校体育管理的有序性原则，就能保证各项工作忙而不乱，井然有序地进行。学校体育管理的有序性，首先表现在学校体育管理系统是一种多层次的有序结构，学校主管体育工作的校长、体育卫生领导小组（体育运动委员会）、教务处（体卫处）和总务处、体育教研组（室、部）、体育教师、班主任。这种管理系统，反映了管理的层次性特征，形成决策层、管理层、执行层三个层次。不同层次应明确职责和分工，上级管下级，一级管一级，领导做领导的事，各层做各层的事。这样分层次的有序活动，能使管理产生最佳的综合整体效应。学校体育管理的有序性，还表现为管理过程的有序性。管理过程的三个基本环节，即计划、实施、检验，也反映了管理活动的有序性。不论是学校体育工作，还是体育课教学、课外体育活动、课余体育训练、体育竞赛，在实施管理时，都要按照这三个基本环节进行。如果违背了管理过程的有序性，就会导致工作杂乱无序，事倍功半，影响或削弱管理的效果。学校体育管理的有序性，还表现在处理学校体育的具体工作时，要分清主次、轻重、缓急。主要工作应始终抓住不放，以此带动全局；重点工作着力办，以保证重点任务的完成；急事急办或特办，以期短期内收到显著的成效。

4.规范性原则

学校教育是一种有目的、有组织的活动。学校是在党的教育方针、国家有关教育的法律和法规的指导和约束下进行教育活动的。教育方针和法规，就是一种最具有约束力、最基本的规范和准则。作为学校教育组成部分的学校体育，同样也应遵守这种最基本的规范和准则。任何轻视、忽视、削弱、排斥学校体育的行为，都是对上述规范和准则的背离；同样，任何只顾体育成绩，不问、不抓德育与文化学习的行为，也是对上述规范和准则的背离。学校体育管理的规范性，要求学校体育建立必要的规章制度和工作规程。合理的规章制度和工作规程，既可保证学校体育管理者的正常的、稳定的工作秩序，又可使受管理者自觉地遵守，以维护和保证学校各类体育活动正常、合理地进行。学校体育管理的规范性，还要求学校有良好的校风和学风，以及良好的体育传统、风气和体育道德作风。校风和学风不仅对道德教育、智力教育有约束力和影响力，而且对体育教育也同样有约束力和影响力。良好的体育传统、风气和体育道德作风不仅从一个侧面反映出一所学校体育的质量、水平和体育的精神风貌，而且还在一定意义上反映出一所学校的教育质量和精神面貌的水平。

5. 教育性原则

学校体育是学校教育的重要组成部分，其本身就属于一种教育活动。学校教育决定了学校体育管理必须遵循教育性原则。搞好学校体育管理，就能更有效地增进学生身心健康，增强学生体质，使学生掌握体育基本知识，培养学生体育运动的能力和习惯，培养学生道德品质等，从而全面地完成学校体育工作的基本任务。

学校体育管理，其本身也是一种教育。合理的体育管理制度、有效的管理措施、严格的管理要求等，对学生的体育行为和道德行为起到很好的规范作用，因而能发挥积极的教育效果。加强体育课教学的管理，能更好地完成体育教学的任务；搞好课外体育活动的管理，能增强学生集体主义精神；做好体育竞赛的管理，能使参加者树立公平竞争的意识，养成遵守规则、尊重对方、尊重裁判的习惯。因此，"管理也是教育""管理育人"的提法，是很有道理的。学校体育管理的教育学原则，还体现在学校体育管理者和体育教师的表率作用方面。学校体育管理者和体育教师在管理中严格要求、一丝不苟、以身作则、为人师表，其对学生的感召力和影响力是不可估量的。

6. 有效性原则

管理的目的是在实施管理过程中，合理的使用人力、财力、物力、时间、空间和信息，使之获得最佳的效益。体育管理的有效性以管理效率（或经济性）和效果作为评价的主要标准。管理效率是指人、财、物、时间、空间、信息的耗量与单位效果之比。管理效率，就是要用最少的人、财、物、时间、空间和信息获得最佳的效果。因而管理效率也可称作管理的经济性。贯彻有效性原则，还要求在实施学校体育管理时，对管理工作的效率和效果进行科学的评价。

上述各项原则是相互联系的有机整体，它们组成了学校体育管理的原则体系。贯彻这些原则，要在实际工作中，根据学校的具体情况和工作实际，合理而有机地加以运用并使之具体化。

（四）学校体育管理的方法

学校体育管理的一般方法有法律法、行政法、教育法、奖惩法等。

1. 法律法

学校体育管理的法律法是运用法律、法规对学校体育进行管理的方法，它又可称作法律法规法。由于法律与法规具有普遍性、规范性和强制性等特点，因此在其适用范围内具有普遍的约束力。教育与体育的法律法规、学校体育的法规，是进行学校体育管理的法律、法规依据，它有利于维护学校体育管理秩序，调节各种管理关系，以促进学校体育事业的发展。

2. 行政法

学校体育管理的行政法，是运用行政组织的职能与手段，对学校体育实施管理的方法。由于行政法具有权威性、指令性、针对性和自上而下的纵向性等特点，因此能有效地发挥组织、指挥、控制、调节的作用，是一种常用的管理方法。

3. 教育法

学校体育管理的教育法是运用宣传教育的手段和形式，对学校体育进行管理的方法。教育法也可称作宣传教育法。教育法具有说理性、引导性、多样性、灵活性和表率性等特点，能使管理者和被管理者知其然，也知其所以然，具有启发自觉性和积极性，使管理制度和办法得以顺利地贯彻和推行，并使管理具有教育性意义。

4.奖惩法

学校体育管理的奖惩法是表彰、奖励先进，批评或惩戒后进的激励办法，因而也可以称作激励法，是学校体育管理中常用的行之有效的方法，也符合体育是一种竞争性活动的特点。表彰、奖励是对集体和个人的体育工作和成绩进行肯定、褒扬的方法，能起到激励、示范和推动学校体育工作的积极效果。表彰和奖励，可分为精神奖和物质奖两类。物质奖的奖品或奖金应适当，并有教育意义。某些地方对优秀体育教师在工资待遇方面给予一定的晋升，也是可取的。批评和惩戒是对学校体育工作后进的集体或个人进行批评教育、惩罚处理的方法，能起到教育、告诫、鞭策的作用。实施本方法时，要求批评应实事求是，以理服人；惩戒应依据罚则实事求是，适度掌握，惩前毖后。

第七章　高校体育教学中文化融入的理论基础与体育文化现代化

第一节　高校体育教学中文化融入的理论基础

一、高校体育教学改革中文化融入的作用

（一）提高学生的文化素养

传统文化蕴含着丰富的精神文化。在传统文化中，蕴藏了丰富的人文精神，这些人文精神对学生的成长有着很深的影响。如，"仁者爱人"的人道精神表现了传统文化中的善良的品质，"天人合一"的精神境界表现了最终实现的目标。学校要不断培养学生的文化素养，增强他们的人文素养，坚持人文精神，培养学生的爱国主义情怀，提升自觉性。要从内到外，从各个方面不断地创新内容，培养学生，使学生能够具有内外兼修的文化与精神品质，促进其全方位发展。

（二）丰富体育教学的内容

中华文化是中国人民群众经过长期历史的洗礼遗留下来的宝贵财富，将中华文化融入高校体育教学中的理论课和实践课中，将中华文化中蕴涵的精神文化和物质文化传递给学生，可以丰富高校体育教学的内容。

（三）促进了文化的传播和发展

学生是祖国的未来，是中华优秀传统文化的传承者，他们有责任有义务去传承和发扬我国的传统文化，承担起我国文化传播与发展的使命。在体育教学的课程中融入我国的传统文化，能够使学生充分地认识和了解中

华文化，还能更好地对中华文化进行传播与发扬。

（四）培养学生的民族精神

体育和德育虽然属于不同的教育范畴，但是二者之间存在一定的融通之处，彼此相互弥补、相互渗透。高校体育教学对培养学生的集体主义精神、英雄主义精神和爱国主义精神，具有十分重要的意义。这三种文化精神都是我国文化的宝贵财富，是在长期的尝试与实践中不断发扬的，其主要来源是中国传统儒家文化。时代在不断地改变与发展，高校体育教育作为一种独特的文化传播方式与社会实践方式，对培养大学生们的民族文化精神有着重要意义。因此将文化融入高校体育教学中，能够进一步培养高校学生的民族精神。

二、高校体育教学改革中文化融入的策略

（一）提高教师的课程开发能力

文化融入视角下，高校体育教学改革中需要不断创新教学方法、开发新的课程体系，这就对高校体育教师提出新的要求。目前，高校体育教师的开发创新能力普遍较低。因此，高校要想开发出融合发展的新课程，就必须提高教师的开发创新能力。各级教育部门应该通过各种方式来增强教师的创新思维，加强体育老师与历史文化老师的不断交流，从而不断地增强体育老师的开发创新能力。对开发创新能力比较强的老师，可以开展教学观摩和教研活动，对创新能力较弱的老师，对他们开展教育培训，增强其专业知识技能，从而不断提升体育课程开发创新能力。

（二）扩大师资队伍，提高教师的文化素养

国家大力开展高校的体育教育改革，将民族传统文化融入高校体育教学中。一方面，要想真正地完成体育教学与文化的融合，必须要增强师资力量，这样才能够使学生切实感受到中华传统文化的博大精深，在体育训练学习中不断地了解中华文化、每一种文化的内在含义，以及传统文化的漫长发展历程、现阶段中华民族文化的发展与成熟现状。另一方面，要提高高校体育教师的文化素养。部分高校体育老师专业技能过关，但是其文

化知识的储备不足，导致难以开发文化与体育教学的融合发展课程，因此，要提高体育教师的文化素养，提高高校体育教师的文化知识储备量。

（三）将传统文化与体育知识有效整合

在体育训练技能开展过程中，需要体育文化、知识的支撑。不同的民族有不同的文化，在体育训练过程中，将中华优秀传统文化融入体育教学知识中，可以提高体育教学的趣味，同时使学生了解丰富多彩的民族文化。这种全新的教育模式，也能够促进体育教学模式的创新与改革，增强学生的学习兴趣，促进学生在趣味性中不断地学习，还可以提高教师的教学水平。不断将体育知识与中华优秀传统文化整合起来，融为一体，可以增强学生们的文化自信心，使之身心健康发展。

（四）营造良好的融入环境

学校是体育教学的主要场合，同时也是传播文化、育人的主要场所。要想在校园中不断传播中华传统文化的人文精神、思想与道德观念，以及体育文化，将它们不断与高校体育教学融入，重要的是要建设好校园的软硬件。如，在宣传方面，利用校报、校园宣传板、校微信公众号等平台开展宣传，增强文化传播的影响力，加强基础设施的建设，给文化与体育的融合提供优良条件。还要改善校园外社会的文化环境。一般，大部分体育活动是从校外即社会上开始进行的，这些校外的体育活动的影响力比较大，在广泛传播中，引入校园。社会是学生成长的外部环境，校园是学生成长与学习的内部环境，其中，社会更加有着弘扬中华传统文化的责任。所以，要不断改善文化教育与传播的环境，大力扶持体育与文化相关领域产业，给体育教学与文化融入赋予社会性支持。

第二节　体育文化遗产的传承与保护

一、我国体育类非物质文化遗产保护的必要性

体育类非物质文化遗产作为人类文化遗产的重要组成部分，在人类文

明的进化过程中起到了重要的推动作用。我们甚至可以从民族体育发展的轨迹，看出人类文明不断进步、冲突、融合的痕迹。

（一）保护和传承非物质文化遗产是人类文明进程的必然要求

不论是优秀的传统文化还是先进的现代文明都是人类健康成长的精神食粮。我国是一个历史悠久的文明古国，不仅有大量的物质文化遗产，而且有丰富的非物质文化遗产。保护这些非物质文化遗产，既是一个民族对历史的延续、智慧的张扬、情感的连结，也是扩展时代思想、提升社会格调、培植公众修养的有利途径。

（二）保护非物质文化遗产是保证世界文化多样性的重要保障

文化在不同的时代和不同的地方具有各种不同的表现形式。这种表现形式的多样性就表现为人类各族群和各社会特征的独特性和多样性。

（三）保护非物质文化遗产是实现社会可持续发展的重要举措

可持续发展是当代世界各国普遍关注的问题，也是科学发展观的重要组成部分。可持续发展就是要求我们要珍视过去，立足现在，思考未来，我们不可只顾及眼前的得失，局部的利害，而全不顾全盘局势。文化遗产给社会可持续发展提供发展的土壤和精神动力。

（四）保护非物质文化遗产是实现物质文明和精神文明协调发展的重要一环

只有物质文明和精神文明协调发展，才能有效保障人们的身心健康，才能促进人的全面发展。非物质文化遗产有许多内容属于精神文化的范畴，具有了解历史、教育后人、鼓舞人心、陶冶情操、净化灵魂的功能。精神文明为物质文明的创造提供精神动力，而物质文明为精神文明提供物质保障。传统体育文化作为精神文明中的生力军，对塑造社会形象，提高民族素质起着重要作用。

（五）保护非物质文化遗产有利于各民族间文化的交流和创新

非物质文化遗产对保护世界文化的多样性有重要的作用，同样对保护国内各民族的特色文化起到重要的保障作用。每一个民族都有自己特有历史和文化，特别是一些有民族特色的传统赛会和体育项目俨然就是民族名片，保护和传承这些文化遗产，对提高民族的自豪感和增进民族间的交流和了解都有重要的意义。

（六）保护非物质文化遗产有助于维护民族团结和国家统一

非物质文化遗产具有极强的凝聚力和向心力，是维系民族团结、国家统一的基础。各民族无论大小，无论其社会处于何种发展阶段，都一律平等。各民族应该相互尊重各自的文化，并相互理解和相互认同。体育作为一种无国界、跨民族的文化传播媒介，对推进民族认同、民族和解、跨文化交流与互动起着不可替代的作用。

二、体育文化遗产的继承措施

非物质体育文化遗产犹如乱石中的金子，在疯长的荒草和堆弃的瓦砾中散发着历史的光芒，如果精心收拾，依然会整理出精神文化的魁宝，如散于梳理，又会埋没于匆忙的岁月。所以，非物质文化遗产的保护已是迫在眉睫，我们应该坚持非物质文化遗产保护的基本方针，即贯彻"保护为主、抢救第一、合理利用、传承发展"的方针。诚然，物质文化、制度文化和精神文化是文化的三大层次，而精神文化属于文化深层次，常被人们认为是文化的核心层次。核心精神的变化常常会引起多重的反应，会涉及人们的生活很多的领域。因此，如何继承和保护就显得格外重要。

（一）重点加强区域性保护为主

从非物质文化遗产的地域分布特征来看，不同的地区其文化遗产是不同的，而且不同的因素是多方面的。非文化遗产是一个地区历史积淀的结果，与本地区的民俗、习惯、风俗、信仰有很大关系。地区的差异本质上是文化的差异。我们强调非物质文化遗产的保护，首先的一点是对地区文化的认同，这是一个最基本的认识。在此基础之上才有可能对非物质体育文化遗产进行传承和保护。

（二）文化延承是非物质体育文化遗产的根本

世界非物质体育文化的繁荣，最基本的还是继承和发扬光大。文化的延承是非物质文化遗产的生命线，是代代相传的基础。我们期待有更多的人去走向民间、走向田野，去整理失落太久的文明，那将是最大的文化延承。

（三）加强国民教育，形成自觉保护意识

教育是产生文化认同的动力。教育的保护应该是多条主线，不仅仅是局限在学校教育。这种教育要面向全社会，形成大家共同的保护意识，因为体育文化遗产具有不可复制性、不可再造性和民族特有性。

第三节　高校体育文化现代化的发展策略

一、体育教学思想现代化

教育思想现代化即教育思想主动适应社会变革，对教育建设具有超前意识，它包括人才观、质量观、教育价值观、教学观、师生观，并在教学实践中身体力行，使之成为全体教育工作者的自觉行动。就体育教育学而言，应从单一的生物体育教学观转变到多维的体育教学观；从传统的以体育知识技能灌输传授为中心转向以培养学生自主学习、自主锻炼、发展独立思考能力和创造能力为主的体育教学，从多元化、全面性、发展性的教学目标出发，从体育教学的生物，社会教育、心理方法论等多重原理出发，注重不同年龄段学生在体育知识技能体育的兴趣及体育价值观的培养。

教育思想现代化要求体育教学思想应在学生主体性观念上，由过去的学生跟"着练"转向学生"自主练"为主；由过去"育体练身"为主的方法、扩展向同时、"启智""调心育人"的综合多样化方法体系，由简单的达标定名次向促使学生在已有水平上都有所发展的方向迈进，使学生的一般发展、共同发展与特殊发展、差别发展相结合，创造性地解决学生个体学习中的问题。

二、体育教学内容现代化

用先进的科学技术来充实技能学校的教育内容，强调教材要反映出现代科学文化的先进水平。因此教育内容的精心优选、科学搭配是教育现代

化难度最大、影响最广泛的基础性工作。

在内容的选择上注重继承与创新的结合。理论课教材应选择有利于强化学生健身意识、增强体质的知识，养护身心理论和方法等方面的内容。同时，应该抱着发展的、实事求是的观念来扬弃传统的教学方式，方法、充实学校体育教育的文化价值与观念体系，实践课教材应打破以竞技运动为中心的教材体系，选用具有较高锻炼价值和终身效益的民族传统体育项目等，现代化的练习教材可以培养学生科学锻炼养护身体的能力。

三、体育教师队伍现代化

体育教师队伍的现代化是体育教学现代化的核心因素。现代化的体育教师应具有一定的体育知识技能、技术等专业素质，还要掌握现代教学方法、新型教学设备的操作技术和一定专业外语，具有正确的人才观、教育观、师生观。

这就要求体育教师不仅注重提高自己的学历层次，更要注重不断吸收新知识、更新知识结构、学会改变体育教学工作中形成的传统工作习惯与思维方式，并用现代教育思想与理论武装自己，从而使自己的观念和认识得到提高。

四、体育设施现代化

（一）电子计算机的运用

在对运动员进行训练的时候，电子计算机是教练最常用的工具，教练可以把运动员的生理状况通过编写程序输入到计算机中，根据队员的自身情况制定针对性较强的训练计划。在竞赛的时候，电子计算机能够综合运动员各项结果，预测出运动员在下节比赛中可能表现出的状态，这样就可以给教练足够的实践来制定准确的战术。在现场比赛设备布置方面，电子计算机常常和记分牌相连接，计算机的应用不仅能够提高记录的准确性，还能自己排列出名次，最重要的是可以将比赛成绩转化成信号传送到荧幕上。

（二）激光、电子设备的运用

在训练过程中随处可以见到激光、电子设备的运用，如录像机、摄像机、立体摄影仪等，这些设备的应用可以从不同的角度来记录场上队员的表现，以便在赛后进行正确的技术分析，同时也能够给观众清晰地呈现出不同场地的不同镜头的切换。

（三）电子遥测技术的运用

在体育科研中随处可见心率、心电等遥测设备，可以随时监控运动员在训练时身体各项指标的改变，合理的安排运动量。在比赛过程中，教练员可以通过电子遥测技术对运动员进行场外指导并及时纠正错误，从而能够取得预期的效果。

在未来的体育现代化发展中，我们要通过各方面的不懈努力来积极吸取国外的先进训练方法并向国外推广我国的先进理论，通过不断加强国际体育交流与信息搜集，实现体育教育现代化走向全世界。

实现体育现代化建设从以下几个方面着手：首先，实现体育教育指导思想现代化。在体育实践教育中要以学生为教育的核心，教师应该多关注学生个体素质区别，要因材施教，正确突出学生是主体，建立良好的师生合作关系，共同进步。其次，丰富教育内容现代化。要求整个体育教育内容要具有完整、课程设置合理、结构简明、实用性强等特征，在教学中要运用科学的方法，使所有的运动员虚心接受，从而达到教学的目的。再次，体育设施要现代化。体育设施是体育教学的基础设施，它也是学校体育教学综合实力的体现。它具体包括体育教学设备、训练装备等，以满足现代化体育教育水平的要求。对有经济实力的学校，应该根据学校的规模建设相配套的体育设施。对经济欠缺的学校，应该结合学校一切能利用的教学设备，最大程度的服务于学生。最后，体育教学管理要实现现代化。体育教学管理现代化是指以理论知识为基础，应用现代化教学的方法来提高体育教学质量，积极地将先进的科技技术运用到体育教学管理中，优化体育现代化教育的过程。我们只有不断完善自身建设，才能满足体育现代化发展的新需求。

参考文献

[1] 马健勋. 高校体育教学与科学训练 [M]. 北京: 北京工业大学出版社, 2023.

[2] 陈辉. 高校体育教学探索与模式构建研究 [M]. 北京: 北京工业大学出版社, 2023.

[3] 卢茂春. 高校体育教育与管理的理论及实践探索 [M]. 广州: 广东人民出版社, 2023.

[4] 任翔, 张通, 刘征. 高校体育教学模式创新研究与实践 [M]. 沈阳: 辽宁人民出版社, 2023.

[5] 张萍. 现代高校体育教学与运动训练研究 [M]. 哈尔滨: 哈尔滨出版社, 2023.

[6] 田应娟. 当代高校体育教学改革创新与发展 [M]. 长春: 吉林人民出版社, 2021.

[7] 田伟. 高校体育科学化教学的创新与实践 [M]. 长春: 吉林大学出版社, 2023.

[8] 栾朝霞. 高校体育教学改革与健康教育研究 [M]. 北京: 北京工业大学出版社, 2023.

[9] 聂丹, 李运. 体育强国视域下高校体育教学创新研究 [M]. 长春: 吉林大学出版社, 2023.

[10] 李科. 高校体育改革践行体教融合路径研究 [M]. 长春: 吉林大学

出版社, 2023.

[11] 信伟. 高校体育经济的发展研究 [M]. 北京：中国经济出版社, 2022.

[12] 黄中伟, 袁超, 何福洋. 高校体育文化理论与实践研究 [M]. 长春：吉林出版集团股份有限公司, 2022.

[13] 朱元明. 高校体育教学模式与创新发展研究 [M]. 长春：吉林出版集团股份有限公司, 2022.

[14] 韩秀英. 高校体育教学发展研究创新 [M]. 长春：吉林出版集团股份有限公司, 2022.

[15] 陈兴雷, 高凤霞. 高校体育教育与管理理论探索 [M]. 天津：天津科学技术出版社, 2022.

[16] 王红. 高校体育课程俱乐部模式创设与管理 [M]. 天津：天津科学技术出版社, 2022.

[17] 刘永科, 齐海杰. 高校体育教学改革创新与发展研究 [M]. 长春：吉林出版集团股份有限公司, 2022.

[18] 周丽云, 刘朝猛, 王献升. 高校体育教育理论与项目实践教程 [M]. 北京：中国书籍出版社, 2022.

[19] 刘卫国, 郝传龙, 陈星全. 高校体育教学方法实践探索研究 [M]. 长春：吉林出版集团股份有限公司, 2022.

[20] 张亚平, 杨龙, 杜利军. 高校体育教学理念及模式创新研究 [M]. 北京：中国商业出版社, 2022.

[21] 谢萌. 高校体育文化教育研究 [M]. 长春：吉林人民出版社, 2021.

[22] 马超. 高校体育教学与训练研究 [M]. 长春：吉林出版集团股份有

限公司，2021.

[23] 王丹，周岳峰，陈世成 . 高校体育理论知识与实践研究 [M]. 长春：吉林人民出版社，2021.

[24] 张仕德，朱有福，庞春 . 高校体育管理理论与实践研究 [M]. 长春：吉林人民出版社，2021.

[25] 于海，张宁宁，骆奥 . 高校体育教学与训练实践研究 [M]. 长春：吉林人民出版社，2021.

[26] 赵丰超 . 高校体育与壁球技术训练研究 [M]. 北京：中国书籍出版社，2021.

[27] 王冬梅 . 高校体育教育创新发展研究 [M]. 长春：吉林人民出版社，2021.

[28] 林丽芳 . 现代高校体育教育专业多维构建 [M]. 北京：北京出版社，2021.

[29] 谢宾，王新光，时春梅 . 高校体育教学与运动训练研究 [M]. 长春：吉林人民出版社，2021.